英語リスニング・クリニック

English Listening Clinic

Diagnoses and Remedies

Clinical Staff:

篠田 顕子
水野　的
石黒 弓美子
新崎 隆子

研究社

Acknowledgements

News items of this book are from the articles which appeared in *The Japan Times*. Reprinted by permissions of Associated Press, Kyodo News Service, Jiji Press, Reuters News Agency, The Japan Times and The Washington Post.

*

- Excerpt used with permission of Richard Dyck
  President, TCS Japan K.K.
  Speech delivered at the 2nd International Symposium of Japan-America Societies (1998 5.14 Fukuoka)

- Excerpt used with permission of Dr. John E. Endicott
  Director, Center for International Strategy, Technology and Policy
  Georgia Institute of Technology
  Speech delivered at the 5th United Nations Symposium on Northeast Asia (1999 6.4 Kanazawa)

- Excerpt used with permission of Dr. Mahmoud F. Fathalla
  Professor of Obstetrics & Gynecology
  Assuit University, Egypt
  Speech delivered at the Conference on South-South Cooperation into the 21st Century (1999 7.7 Tokyo)

- Excerpt used with permission of Ambassador Thomas S. Foley
  Address delivered at the Ryukyu Forum (1999 9.14 Naha)

- Excerpt used with permission of Glen S. Fukushima
  President of the American Chamber of Commerce in Japan
  Speech delivered at the 1st Japan-U.S. Sister City Conference (1999 9.11 Sendai)

- Excerpt used with permission of Mr. Swithun Lowe
  Deputy General Secretary, Singapore Teachers' Union
  Speech delivered at the Fourth East Asia Education Forum: Economic Crisis in Asia and Its Impact on Education (June 1999)

- Excerpt used with permission of Ms. Donna Morris
  Executive Vice President, Branch Manager
  Fidelity Brokerage Services (Japan), LLC
  Interview conducted in August, 1999

- Excerpt of a speech delivered by Thai Foreign Minister Surin Pitsuman (1998 9.18 Washington, D.C.)

- Excerpt of a speech delivered by Archbishop Desmond Tutu
  Address to The Hague Appeal for Peace — Civil Society Conference (1999 5.12 the Hague)

- Excerpt used with permission of an executive who wants to be anonymous.

はじめに

　「英語リスニング・クリニック」はきわめて限定された人だけに開かれる高度なリスニング訓練機関である。通訳を本業とする４人の講師が運営するこのクリニックの存在は一般には知られておらず、受講者との間には厳密な守秘義務契約が結ばれる。訓練の期間は普通３ヵ月。完全な個人指導である。これまでクリニックが手がけたクライアントは12人。そのうち７人には顕著な改善が見られ、残り５人にも中程度から軽度な進歩があった。本書は、同時期にクリニックを訪れたふたりのクライアントの訓練記録をもとに構成された、英語リスニング力向上のための手引書である。

　クリニック開設の発端は今からおよそ３年前、放送局で深夜の通訳を終えたばかりの院長が受けた１本の電話にさかのぼる。それは以前知り合いを通じて英語のリスニング訓練を依頼してきた男性だった。短期間で聞き取りの力をつけなければ仕事を失ってしまうかもしれないという話は聞いていたが、そのころ院長は国際会議や海外出張で多忙を極めており、コミュニケーションの根源に関わる国別報告のとりまとめも予定より大幅に遅れていたため、引き受けることはできないという旨を伝えていたはずであった。

　男性はまず突然電話をかけた非礼を詫び、その夜偶然に見ていた生放送番組に通訳として出ていた院長の名前を見つけ、どうしても直接話をしたかったと述べた。院長は相手の礼儀正しい話し方や切々と伝わってくる熱意に好感を持った。無下に断わることもできず、また放送が終わって閑散とし始めた放送局で長い問答を続けるのも気が引けたので、とりあえず数日中に会う約束をして受話器を置いた。しかし、その時はまだ訓練を引き受けることになるとは夢にも思わなかったという。

　紺の背広にグレーのネクタイ姿であらわれた40代半ばの男性は流暢な英語を話した。中堅の医療機器メーカー勤務で、将来の重役候補とも噂される人物である。しかし、会社の業績はバブルの崩壊や国際競争の激化の影響で頭打ちとなり、半年前、社運をかけて大型国際プロジェクトに乗り出すことになった。その責任者に社内きっての語学力を誇るその男性が抜擢されたのは誰の目にも当然と思える人事だった。

　ところが、イギリスの会社との交渉場面でとんでもないことが起こった。単身で訪れたロンドンでの会議で彼は重大な情報を聞き違え、不用意な返事

をしてしまったのである。誤解が誤解を生み、提携先との関係は険悪な事態になった。それ以来、社内では彼の語学力に対する絶対的信頼が揺らぎはじめ、最近ではバイリンガルの職員を新たに雇ってはどうかという声すら出始めている。

「実は、私はしゃべるのは得意なのですが、聞き取りにはずっと不安を抱えてきました。外国人は私の発音を聞いて安心するのか、まったく手加減せずに話しかけてくるんです。われながら危ない綱渡りをしているものだと思いますが、同僚たちの手前、いまさら自信がないとは言えません。なにより語学力は私の強みですから、そんなことを言っては出世に響きます。これまではなんとかうまくやってきたんですが、今度はイギリス人が相手でまいっています。文章が複雑なのか、さっぱり分かりませんでした。それに表情が読めなかった。微笑みさえ浮かべながら穏やかに話していたから、こっちの言うことはみんな呑んでくれたと思ったんですよ。自信を取り戻すためにどこかで訓練を受けたいのですが、会社に知られるのは絶対に困るんです。なんとかお力を借りられないでしょうか」

この話に心を動かされた院長は3人の同僚に相談を持ちかけた。国際会議や放送の通訳を通じて研究すべきことはまだたくさん残っていたが、通訳の訓練で培ったノウハウがこのような人の役に立つかどうかを確認することは、われわれの組織の方向性を見定める上でも、たいへん興味深い予備実験のように思われた。

クライアント第一号の訓練は試行錯誤の繰り返しだったが、非常によいラポールが築けたこともあって一定の成果をあげることができた。詳しくは言えないが、国際プロジェクトは成功し、その専門分野としては初めての日英合弁事業が順調に運営されている。

訓練はあくまで一回だけの極秘の実験であり、われわれ4人とクライアント以外に知るものはいなかったはずだった。ところが、それからおよそ半年後に二番目の依頼が持ち込まれたのである。今度は女性だった。その人がどのような事情でここにたどり着いたかは言えないが、この症例もわれわれの興味をかきたてるのに十分な特徴を備えていた。また第一号で成功した訓練法を確かめたいという気持ちもあったため、引き受けることになった。

こうして英語リスニング・クリニックは発足した。一般には公開せず、厳しく選考したきわめて少数のクライアントを引き受けるというのが運営の原則になっている。われわれはクリニックの訓練がすべての人に成功するとは思わない。どのように優れた内科治療でも外科手術でも、適応症の選択を誤

はじめに

れば失敗に終わる。クリニックでは初回審査に何よりも力を入れている。興味、性格、言語習慣、学習環境、熱意など多くの項目からなる調査票に照らしながら、筆記試験や面接で細かく適性を見る。どんなに社会的地位が高くリスニング力向上の必要性に迫られていても、適性と熱意に欠ける方はお断りしている。

訓練はほとんどが自宅で自主的に行われる。標準コースは3ヵ月。個人審査に基づいて治療計画が立てられる。1週間に一度か二度来院し、担当講師の指導を受け、症状の改善にあわせて次の課題が決まる。課題をこなせない人は、その理由の如何によらず直ちにやめていただくことになっているが、これまでにそんな人はひとりもいなかった。

本書では、最近ふたりのクライアントが実際にうけた訓練の流れに沿って、読者が参加できるようになっている。このふたりは最初のふたりのクライアントとは別人である。どこから情報が漏れるのか、最近、クリニックへの問い合わせが増えている。4人ではとてもそのすべてに対応することはできない。せめて、この本が、クリニックの訓練を必要とする人たちの参考になれば幸いである。

2000年7月

英語リスニング・クリニック広報室

目　次

はじめに iii
英語リスニング・クリニック・スタッフ viii
英語リスニング・クリニック　バックグラウンド・チェックシート ... ix
リスニング力診断表 x

Doctors' Conference 最初の会議 xii
治療計画（佐藤雄太） xvii
治療計画（山田早紀） xix

PART I　佐藤雄太編 1

SESSION　1　音声の誤解を解く 2
SESSION　2　ディクテーション 17
SESSION　3　シャドウイング 28
SESSION　4　情報の順送り理解 / スラッシュ・リーディング 38
SESSION　5　情報の順送り理解 / スラッシュ・リスニング 48
Doctors' Conference 中間会議 57
SESSION　6　ラピッド・リーディング 62
SESSION　7　サマリー / 情報をものにする 75
SESSION　8　テーマ別勉強法 92
Final Conference と講評 103

PART II　山田早紀編 107

SESSION　1　語彙の重要性に気づく 108
SESSION　2　理解の前提としての文法構造 / 読解力の強化 117
SESSION　3　聞く力の強化 / さまざまな英語を聞く 128

目　次　　vii

SESSION　4　シャドウイング 136
SESSION　5　聞いているときは分かったのに 10 秒後には何も思い
　　　　　　　出せない ?! 145
SESSION　6　情報の順送り理解 / スラッシュ・リーディング 154
SESSION　7　情報の順送り理解 / スラッシュ・リスニング 161
SESSION　8　音読即訳 167
Doctors' Conference 中間会議 176
SESSION　9　多読・多聴 181
SESSION 10　ワンテーマ方式での総合的勉強をする 187
SESSION 11　ワンテーマ方式勉強法（2）....................................... 194
SESSION 12　ノート・テイキング 204
SESSION 13　逐次通訳（1）.. 212
SESSION 14　逐次通訳（2）.. 218
SESSION 15　逐次通訳（3）.. 226
Final Conference と講評 229

エピローグ 234

英語リスニング・クリニック・スタッフ

アキコ院長
　小山のような体くの持ち主で、あだ名はトトロ。クリニックの物理的、精神的かなめである。深い洞察力と先見性を備えた理想主義者。その大胆な決断力でクリニックは何度も難しい局面を乗り越えてきた。反面、情にほだされやすいところがあり、受け入れ能力もかえりみず引き受けてしまう欠点がある。非公開であるはずのクリニックへ申し込みが増えているのは、院長の安請け合いに原因があるのではという疑惑がもたれている。

アキラ先生
　クリニックが誇るブレイン。英語学はもとより語学訓練に関する世界中の文献を読破している。もじゃもじゃ頭と丸い黒ぶち眼鏡、よれよれの白衣がトレードマーク。研究に没頭すると他のことが目に入らなくなり、院長から入浴と睡眠の命令がでることも多い。その学者肌が災いし、しばしば難解な専門用語を駆使してクライアントや他のスタッフを煙にまくのが玉にキズ。

ユミコ先生
　音声学の専門家。小柄ながらなかなかのグラマーで、おっとりした物腰としゃべり方が優しい印象を与えるが、実はその判断はかなりシビア。甘い気持ちで相談を持ちかけようものなら、手厳しくはねつけられる。訓練には極めて熱心で、執拗ともいえるきめ細かい指導にクライアントが悲鳴をあげることもある。外見に惑わされてはいけない。

リュウコ先生
　断髪で長身痩躯、ズボンしかはかないのでしばしば男性と間違われる。不正義と横車を憎む合理主義者。理想に暴走しがちなクリニックのブレーキ係でもある。高校での英語指導経験あり。30歳半ばからニュース放送を使って勉強し、半年ぐらいで急速にリスニングがのびたという自らの経験から、リスニング力は年齢にかかわらず伸びるという信念を持つ。

英語リスニング・クリニック / バックグラウンド・チェックシート

1. 動機: 強い　中程度　弱い

2. 訓練環境(訓練にさける時間、部屋や機器の環境、家族の支援):
　　　良、中程度、不良

3. 言語能力(一般):
　　　読解力(論理把握、類推力など): 優秀　普通　劣る
　　　聞き取り理解力(同上): 優秀　普通　劣る
　　　発話能力(文章構成、論理展開など): 優秀　普通　劣る
　　　文章力(文章構成、論理展開): 優秀　普通　劣る

4. 英語の学習歴:
　　　受験勉強またはそれに準ずる集中的な勉強をした経験: ある　ない
　　　学校の勉強以外に自主的に勉強をした経験: ある　ない
　　　　　英会話学校、3ヵ月以下の短期留学、テレビ・ラジオ講座、
　　　　　個人教授　その他(　　)
　　　留学経験: 国名(　　)期間(　　)専攻(　　)一日の勉強量(　　)
　　　外国滞在経験: 国名(　　)期間(　　)理由(　　)
　　　　　英語を使って過ごした一日当たりの時間の割合
　　　　　(　　)
　　　読書量: 多い　普通　少ない
　　　読書内容: 新聞、雑誌、小説、評論、専門書、その他(　　)
　　　英語放送の利用度: 多い　普通　少ない
　　　　　衛星放送、AFN、その他(　　)

5. 一般教養: 豊か　普通　乏しい

6. 時事問題への関心: 深い　普通　低い

7. 性格(専門家による検査):

8. その他特記事項

リスニング力診断表

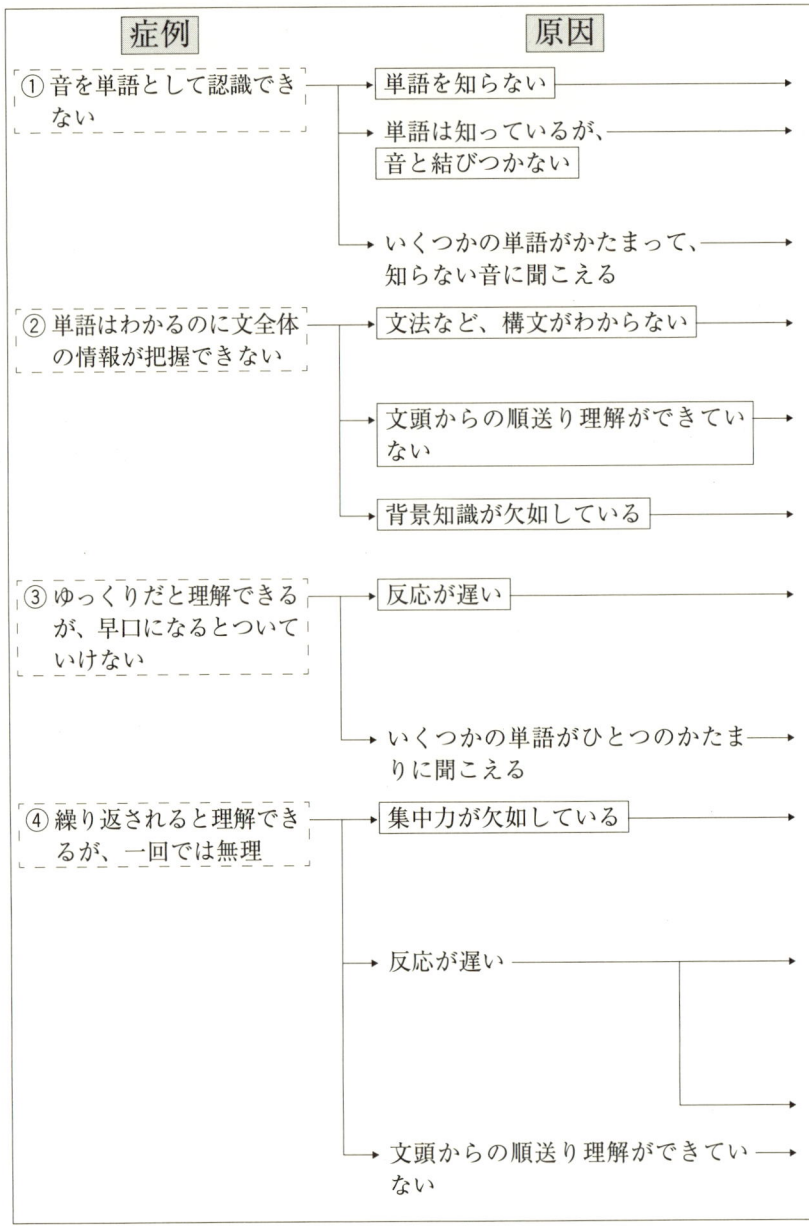

リスニング力診断表

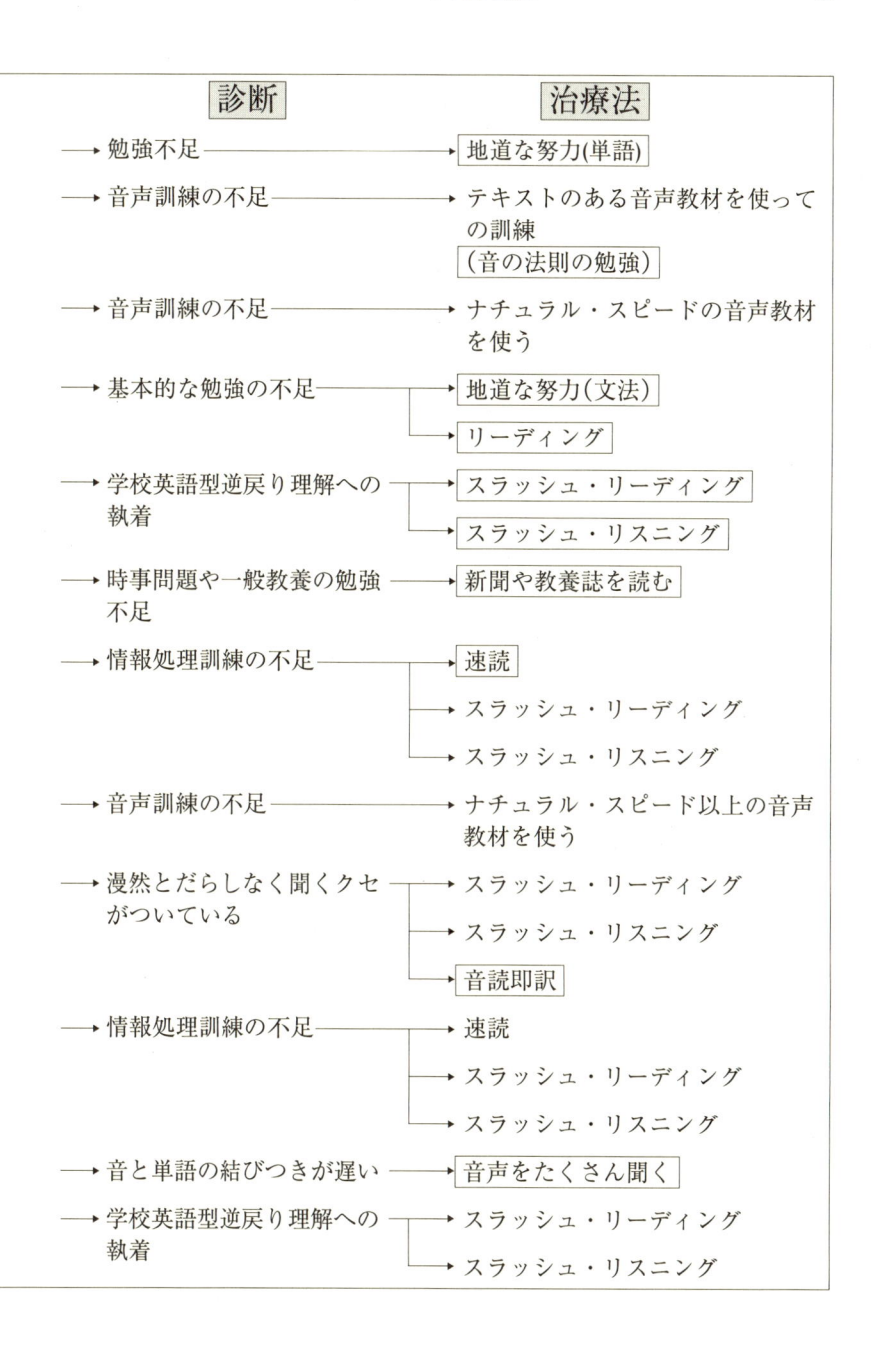

診断	治療法
→ 勉強不足	→ 地道な努力(単語)
→ 音声訓練の不足	→ テキストのある音声教材を使っての訓練 (音の法則の勉強)
→ 音声訓練の不足	→ ナチュラル・スピードの音声教材を使う
→ 基本的な勉強の不足	→ 地道な努力(文法) → リーディング
→ 学校英語型逆戻り理解への執着	→ スラッシュ・リーディング → スラッシュ・リスニング
→ 時事問題や一般教養の勉強不足	→ 新聞や教養誌を読む
→ 情報処理訓練の不足	→ 速読 → スラッシュ・リーディング → スラッシュ・リスニング
→ 音声訓練の不足	→ ナチュラル・スピード以上の音声教材を使う
→ 漫然とだらしなく聞くクセがついている	→ スラッシュ・リーディング → スラッシュ・リスニング → 音読即訳
→ 情報処理訓練の不足	→ 速読 → スラッシュ・リーディング → スラッシュ・リスニング
→ 音と単語の結びつきが遅い	→ 音声をたくさん聞く
→ 学校英語型逆戻り理解への執着	→ スラッシュ・リーディング → スラッシュ・リスニング

Doctors' Conference
最初の会議

院長： それでは検討会を始めます。ご承知のように新たに2件の依頼がありました。2件が同時に持ち込まれるのは当クリニックにとって初めてのことです。こちらの能力にも限界がありますので、受け入れを認めるかどうかについてはとくに慎重な検討が必要です。まず佐藤雄太さんのほうから始めましょう。最初にバックグラウンドの審査を担当したリュウコ先生に報告をお願いします。

佐藤雄太

39歳　会社員　既婚　子供が二人
有名私立大学文系卒業(一浪)
留学、海外勤務の経験 (−)　海外出張・旅行 (+)
学生時代英語の成績は良かったが、特別な勉強はしていない。
簡単な会話はできる。

動機： 外資系企業への転職を希望。

リュウコ： この人は会社の仕事が忙しそうなので、3ヵ月間の課題がこなせるかどうかに不安があります。本人は絶対やると言っていますが、動機についてしゃべっている部分の録音テープを流しますので皆さんのご意見をお聞かせください。

「ここだけの話ですが、うちの会社は外資系に押されてかなり危ないんです。親しくしていた同僚が2年ほど前に外資系に移って、おまえも早く決断したほうがいいと言うんですよ。確かに、うちのやり方を見ているととても勝てないなと思うことが多くて、外資系には魅力を感じています。でも、英語ができないのは致命的でしょう。読むのはけっこう自信があるし、

書くのもまあまあできる方ですが、聞き取れないんです。先日、ある外資系の会社が開いたセミナーに参加したんですが、知っている単語がちらほら分かる程度でさっぱりだめ。ショックでした。なんとなく英会話を超えた勉強をしないとビジネスではものにならないような気がしたので、こちらを訪ねました。あと少なくとも20年のキャリアに関わる問題なんです。3ヵ月ぐらい死んだつもりで頑張りますから、どうぞお願いします」

アキラ： なんか悲愴感が漂ってますね。うちの課題はせいぜい一日2、3時間でしょう。死んだつもりはオーバーだな。

ユミコ： アキラ先生、普通の人はこんなものよ。朝まで文献を読み続けられる先生と一緒のようにはいかないわ。一浪で有名私立大学の文系に合格したと書いてありますから、英語の受験勉強は相当やったんでしょう。これは障害というよりむしろ強みと解釈されるのよね、リュウコ先生。

リュウコ： ユミコ先生のおっしゃる通りです。なにかと受験勉強の弊害が取り沙汰されていますが、本気で取り組んだ人は語彙力や文法の知識がしっかりしています。何年も遠ざかっていても、若い時に覚えたことは忘れないんですね。院長は今のテープをお聞きになってどう思われますか。

院長： 動機はしっかりしていると思いますよ。真面目で誠実な人柄のようですね。勉強の習慣も身についていると見て良いでしょう。英語力の審査を担当したアキラ先生のご意見はどうですか。

アキラ： こちらに来る前に学生時代の参考書をひっぱりだして少し勉強したとのことですが、英語力のテスト結果は悪くありません。ただ、典型的な受験英語ですから、関係詞を全部後から引っ掛けて訳すので、読むのに苦労しましたけど。

院長： では最後に基本的な音の聞き取りを診てくださったユミコ先生、お願いします。

ユミコ： 結論から言いますと、この人を受け入れるのには反対です。音声教育は皆無に等しく、英語の基本的な発音についての知識がない、または完全に誤解しています。それに39歳という年齢や会社でまずまずの地位にあるというのも障害になりそう。本当に一から音声教育をやり直す気になってくれるかしら。

アキラ： 死ぬ気でやると言ってるよ。

ユミコ： チャチャを入れないで、アキラ先生。とにかく、3ヵ月で成果はでませんよ。それにこういう変に真面目な人は、うまくいかないと絶対に文

句を言うんです。

院長：　今日は手厳しいですね、ユミコ先生。それだけ、音声面ではきついということでしょう。ただ、文句が出るかどうかという点は院長に任せてください。純粋に成果が上がるかどうかだけを考えればいいと思いますよ。アキラ先生とリュウコ先生は受入れに賛成ということですね。私も改善の可能性はあると思います。そこで、第一週にユミコ先生から基本的な音声聞き取りと発音指導をしていただいて、その様子を見て決めるというのはどうでしょう。結果が良いようならその後はリュウコ先生と一緒に訓練を進めてください。男同士というのは避けた方がいいでしょ、アキラ先生。

アキラ：　嫌われると困りますからね。あ、好かれるのはもっと困るか...

院長：　アキラ先生はゆうべも徹夜したんでしょ。余計なおしゃべりが多いわね。みんな頭をしゃきっとするために、コーヒーでもいれましょうよ。

――休憩――

院長：　それでは二番目のケースの検討に入ります。まず、リュウコ先生からどうぞ。

山田早紀

28歳　独身
大手貿易会社勤務
有名私立大学英文科卒業
父親の赴任に伴い、アメリカで一年間語学学校に通う。
学生時代から英会話学校に通い、日常生活に不自由のない英語運用能力がある

動機：　英語力を生かせる仕事につきたい。

リュウコ：　はっきり言って、うちの訓練には合わないと思います。早くから実用的な英語に興味を持ち、高校生の頃から英会話学校に通っていてなかなか意欲的なのですが、あたまから英文法の勉強をばかにしているところがあります。そのため、英語の成績は必ずしも良くなかったようですが、それは日本の学校教育がおかしいためで自分は正しく評価されなかったと言っています。それも否定はできませんが、英語に限らず、机に向って勉強するのは苦手というタイプで、読書のアサインメントも大量に含まれる

うちの課題をこなすのは難しいと思います。一応、動機についてしゃべっている部分をお聞きください。

「英語力を生かした仕事につきたいと思って今の会社に入ったのですが、将来に絶望しています。どんなに頑張っても女性が昇進できる可能性は限られているんです。私だけじゃなくて、女性がはりきって仕事をしているのは入社後3年ぐらい。同期の男性社員との格差がどんどん広がっていくとやる気がなくなります。それでいて、仕事は同じぐらいきついんですよ。でもそれは男性社員の補佐のような仕事だから、うまくいってもその手柄はみんな男性のもの。ふた言目には、もっと高い志をもって勉強してほしいと言われますが、チャンスもくれないで何よって感じです。おまけに若い子の前でおばさん呼ばわりされるし。だから専門職につきたいんです。わたしの今のレベルならできる人はいっぱいいるから、それを超えるようなダントツの英語力を身につけなければと決心しました。この間、会社で取引先のアメリカの会社の社長の通訳をやらされたんです。けれど、全然できなくて恥をかいたんです。私は英会話学校では最上級のクラスで、しかも一番できるぐらいなんですよ。でも、そんなところでいつもほめられて、いい気になっていてはいけないと思ってここに来ました。よろしくお願いします」

アキラ： 僕からも補足します。彼女についてもっともやっかいなのは時事問題にあまり関心がないことです。たとえばNATO（北大西洋条約機構）やEU（欧州連合）を知りませんでした。読解力も簡単な新聞記事どまりで、評論になるとかなり苦しそうです。しかし日本語の読解力はしっかりしていますし、論理的で明快な話し方ができます。意識改革ができれば、ニュース素材を使った訓練についていけるかもしれません。
院長： ユミコ先生、音声面はどうですか。
ユミコ： とても有望だと思います。発音もきれいですし、聞き取りの力もあります。日本人の英会話能力としては自慢できるレベルかもしれません。問題は、それを超えて、例えば何かまとまった内容のプレゼンテーションをするとか、難しい交渉ができるような英語力を身につけられるかどうかでしょう。動機についても私は説得力があると思います。われわれの訓練を受けることで彼女がいきいきとした人生を歩むことができるのであれば、力になってやりたいと思います。

院長：　リュウコ先生はやはり反対ですか。

リュウコ：　勉強をしてくれるのならいいんです。もう一度きちんと訓練の内容を説明し、本人が納得してやると言うならあえて反対はしません。課題を怠るようなことがあれば、すぐやめてもらうというクリニックの原則を曲げないようにお願いします。

院長：　それでは山田さんはアキラ先生と院長が対応します。来週の検討会までにそれぞれのグループで訓練プログラムをまとめてください。おふたりにはさっそくお知らせと準備課題を送りましょう。ほかに何かありますか、リュウコ先生。

リュウコ：　院長、ちょっといいですか。今回初めてふたりのクライアントを同時並行で訓練することになりました。でも、われわれには通訳という本業があるので、能力的にかなり危険ではないかという気がしています。1年前のNATO軍によるユーゴ空爆のようなことがあると、われわれにはいつ放送局から呼び出しがかかるか分からないという事情があります。クライアントにはできるだけ力になってあげたいとは思いますが、こちらの体制を考えておかないと、かえって無責任になるのではありませんか。

院長：　その点は私も気にしています。ほんとにどこから情報がもれるんでしょうね、困ったものです。なんですか、アキラ先生、その意味ありげな咳払いは。それでは、今日の検討会はこれで終わります。みなさん、お疲れさま。

治療計画（佐藤雄太）

リスニング診断表を用いた分析の結果、該当すると思われる診断名は以下の通り。

音声訓練の不足
学校英語型逆戻り理解への執着
情報処理訓練の不足

この3つの欠点を克服するため8段階の治療計画を立てたが、このクライアントは音声面での知識があまりに不足しているため、受け入れるかどうかは第一段階の「音声の誤解を解く」の訓練結果を見て判断することとする。各段階にあてる期間は1、2週間だが、進度を見ながら柔軟に対応する。

1. 音声の誤解を解く
   英語の音声に関する基本知識をあたえる
       母音、子音、イントネーション、アクセント
   耳からのインプット
   自らのアウトプット（発音訓練、能動的理解）
   意味の理解を左右するクリティカルな音の識別
   音、単語、フレーズ、単文、複文

2. デイクテーション
   徹底して聞き取りに取組む
   音のスキッピングに動じない姿勢を身につける
   耳ではなく頭で聞くことを実感する

3. シャドウイング
   耳と口の対応
   リスポンスを磨く
   集中力を養う
   アンティシペーションの重要性に気付く

4. 情報の順送り理解——スラッシュ・リーディング
   同時通訳技法を応用し、文頭から理解する方法を身につける
   文章の流れにそった自然な理解を会得する

5. 情報の順送り理解——スラッシュ・リスニング
   文頭からの理解を聞き取りに応用する
   長文や複雑な文章の聞き取りができるようにする

6. ラピッド・リーディング
   大事な情報をくみとる
   多くの情報を処理し記憶するためのスタミナを鍛える
   苦手意識を克服する
   レスポンスの早さを養う

7. サマリー
   会議や講演などの報告をまとめるという場面を設定し、正確な理解と効果的なまとめ方の訓練を行う

8. テーマ別勉強法
   単語力、構文理解力、知識の強化とリスニング力の向上の有機的な結びつきを理解する

治療計画(山田早紀)

　リスニング診断表を用いた分析の結果、該当すると思われる診断名は以下の通り。

　　語彙や英文法など基礎的な勉強の不足
　　時事問題や一般教養の勉強不足
　　情報処理訓練の不足
　　漫然とだらしなく聞く癖がついている

　この4つの欠点を克服するため、9段階の治療計画を立てた。

1. 語彙の強化
   発信語彙はともかく、受信語彙は英語を母語とする知識人の発信語彙力に近づかなければ、リスニングなど不可能であることに気付かせる。

2. 読解力の基礎としての英文法や構文の強化
   文法(特に機能語など)は文章理解の強力な手がかりであることに気付かせる。

3. 音声認識の強化
   native speaker だけでなく、さまざまな英語に慣れる。
   native speaker の速い英語に慣れる。
   (シャドウイング)

4. 順送りの理解——スラッシュ・リーディング
   学校で習った後ろから「訳しあげ」ていく訳読の癖を直し、文の頭から意味をくみあげ、情報化していく癖を徹底的に身につける。

5. 順送りの理解——スラッシュ・リスニング
   「漫然」聞きから、「厳密」聞きへ。
   単語が分かっても、意味を理解したことにならないことを認識させる。

6. 音読即訳——集中力をつける
   メモに頼らず、覚える努力を。

7. スピード
   速い natural speed に慣れる。
   メモを取らせ、少し逐次通訳もさせてみる。

8. 多読・多聴
   量をこなして、critical mass に達する。
   高校・大学のテキスト、英字新聞、評論、週刊誌、ペーパーバックなど、内容が半分以上分かれば、「よし」として、どんどん読みとばす(聞きとばす)。

9. ワン・テーマ方式での総合的勉強
   テーマを選んで、その話題に関して、語彙、知識を集積しながら、同時に読む、聞く、書く、話す、考えるの 5 skills を伸ばす。
   テーマのひとつに「日米関係」を入れる。その他のテーマも可。

情報を聞き、咀嚼し、理解を構築するプロセスを学ぶ。
聞き方の総合的戦略を身につける。

PART 1

★ 佐藤雄太 編 ★

ENGLISH LISTENING CLINIC

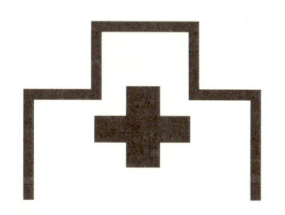

SESSION● 1
音声の誤解を解く

暫定的訓練決定のお知らせ

佐藤雄太様
前略
　先日実施しましたプレスクリーニングの結果をお知らせいたします。佐藤さんの場合、当方基準に照らして直ちに全面的訓練実施の決定を下すのはやや難しいとの結論に達しましたが、たいへん熱心に受講を希望され、佐藤さん御自身の努力次第では望ましい結果を導き出すことも不可能ではないように思われますので、とりあえずは、基礎的音声の訓練をお受けいただこうと存じます。その後の訓練の継続については、その上で決定することとさせていただきます。
　つきましては、先日おうかがいした佐藤さん御自身のスケジュールも参考に、第1回目の音声訓練を別紙の住所、日時にて行うことといたしますので、時間厳守でおいでくださいますようご案内します。
　なお、当研究所における活動は一切宣伝等行っておりませんので、看板・表札などは出してありません。外見はやや古風な洋館ですので、当方の場所は比較的簡単にお分かりになると存じます。また、時間通りおいでいただければ、御到着は当方、中から分かるようになっております。以上、要件のみにて。

草々

2000年○月×日

英語リスニング・クリニック院長
トトラ・アキコ

未知との遭遇

「院長からの手紙によると、確かこのビルの隣のはずだけど。おやー、これは、また、すごい塀だね。しかし、こんな所に、こんなものがあったなんて。いったい入り口はどこなんだろう」

*

「リュウコ先生、佐藤さん、来たようです。入っていただいていいですね」
「そうですね。なかなか時間には正確のようですね。ユミコ先生の準備もいいですか」
「はい。もちろん」

*

「それにしても、すごいな。しかし、変だな。ここは、この間通った所だと思うけど、こんなものなかったよな、あの時は。でも、こんな蔦のからまる塀が数ヵ月で出現しちゃうわけないしな。あっ、いかん、もう時間だ。ベルかなんか、どっかにないのかな」
「佐藤さん、お着きになりましたね」
「うひょ。は、はい」
「そこの右手のモミの木の後ろのドアを開けますから、そこを入ったら、庭をぬけて、奥の建物へどうぞ」
「は、はい。(何だろ、どっかにテレビカメラでもついてて、こっちが見えるんだな)モミの木の後ろのドアね。おっとー、開いた。(カメラはどこに隠してあるんだろう。それにしても、やっぱり変だな。これは電気仕掛けの自動ドアというには古風すぎるのにな) それで？ 庭の向こう？ あ、いやー、これはまるで秘密の花園だ」

*

「佐藤さん、左のドアの前にまっすぐ向いて立ってください。ドアの上の青い点を見て」
「あっ、はい。(これって、指紋じゃなくて、あれかな。えっと、眼紋じゃないし、なんて言ったっけ)」
「中へ、どうぞ」
「はい。(うわっ、驚いたなア。外側からは想像もつかない超近代的だ)」
「では、右手の奥の P というドアの中へどうぞ」

*

「佐藤さん、ようこそ。こちらはリュウコ先生です。正式に受講が決まれ

ば、佐藤さんのレッスンは、私たち二人で担当することになります」
「アッ、そうですか。どうぞ、お手、お手柔らかに、お願いいたします」
「そんなに、緊張なさらずに。ユミコ先生は、厳しいところもありますが、取って食おうなんてことはありませんから」
「あっ、いや、そんなつもりは、べつに...」
「リュウコ先生、そう、最初からいじめないように。どうぞ、おすわりください」

英語の音声構造

「佐藤さん、では、さっそくレッスンを始めますが、英語の母音と子音の構造については、予習をしてくださってますね」
「はい。一応」
「けっこうです。では、ちなみに、日本語と英語の母音の数はいくつずつありますか」
「えーと、日本語は『あいうえお』で5個だと思いますが、私の読んだ本には、はっきり英語の母音の数は...」
「日本語の場合は、おっしゃる通り、5個です。音声学では『アエイオウ』と並べますが、標準アメリカ英語では母音は二重母音も入れて15個と言われています」
「えー、そんなに」
「この表をご覧ください。上が日本語、下が英語の母音の表です」(表1)
「あー、こんなにあるんだ。知らなかったなあ」
「そうです。だから、日本人にとっては、英語には聞き分けにくい母音が多いわけですが、このように全体像をとらえておかないと、1個1個の音も正確にとらえることはできません。こういう母音の並べ方は、今まであまり見たことはなかったと思いますが、それぞれの母音の位置は、口の中でその音が作られるだいたいの位置を表しています。
「例えば、日本語の『イ』と言ってみましょうか」
「『イ』ですか」
「はい。口の中のどの辺から音が出てきますか」
「どの辺からと言われても...『イー』???」
「では『ウ』はどうですか」
「『ウ』ですか。『ウー』」

SESSION 1: 音声の誤解を解く

日本語の母音(5)

i	u
e	o
a	

15 Vowels in American English

iy		uw
I		U
ey	ə	ow
ɛ	ɚ	oy
æ	ay aw	ɔ
	a	

表 1

「『イ』は口の中の前のほうから、『ウ』は後ろの方から音が出てくる感じがしませんか」

「『イー』『ウー』あー、します、します」

「一つ一つの母音は、口の中で作られる位置が違うのです。その位置を表すために、このような箱に区切って母音を配置してあるのです。

「では、まず、こちらの英語の単語を上から一つずつ声を出して、読んでください。左の列の上からです(p. 6 表2)」

「はい、beat, bit, bait, bet, bat, pot, but ...」

「では、今度は、私がまず発音してみますから、後について発音してみてください」

【読者の皆さんも、付属のCD No. 1を聞きながら、発音してみましょう】

「beat」

「beat」

「bit」

「bit」

「そこが違いますね。二つ続けて発音してみますから、よく聞いて、後について発音してください。beat, bit」

The Sounds of American English

Vowels		Consonants	
Symbol	Example	Symbol	Example
[iy]	beat	[p]	pea
[ɪ]	bit	[b]	bee
[ey]	bait	[t]	tea
[ɛ]	bet	[d]	deed
[æ]	bat	[k]	key
[a]	pot	[g]	geese
[ə]	but	[f]	feet
[ər]	bird	[v]	venus
[ɔ]	bought	[θ]	thief
[ow]	boat	[ð]	these
[ʊ]	put	[s]	sea
[uw]	boot	[z]	zebra
[aw]	bout	[ʃ]	sheep
[ay]	bite	[tʃ]	cheap
[oy]	boy	[dʒ]	jeep
		[m]	meat
		[n]	neat
		[l]	lead
		[r]	read
		[h]	heat
		[w]	weep
		[y]	yeast
		[ʒ]	leisure
		[ŋ]	hanger

表 2

「beat, bit」

「まだ、違います。この二つの違いは、長い音と短い音の違いに聞こえますか」

「はい、そうじゃないんですか」

「それだけではありません。日本語では、『おじさん―おじいさん』『おばさん―おばあさん』のように、長い音と、短い音で、言葉の意味が違ってくるので、beat と bit の違いも、音の長さの違いに聞こえてしまうのですが、

SESSION 1: 音声の誤解を解く

　実はこの違いは音の質の違いなのです。今度は、三つ並べて言ってみますから、聞いてください。beat — bit — bet. beat — bit — bet. 違いが聞こえますか」
　「はい、そうやって並べて聞かされると、違いが聞こえてきます。bit は beat と bet の中間の音みたいですが」
　「そうです。では、発音してみましょう。beat — bit — bet」
　「beat — bit — bet. うーん。違いがあることは分かるんですが、うまく発音できません」
　「では、まず、beat — bet と言ってみましょう。そして、今度は、言いながら、自分の唇、歯、そして舌の先と下顎の位置と動きに注意してください」
　「beat — bet」
　「舌の先、下顎の位置はどうですか」
　「beat は、歯のすぐ後ろに舌の先が来ていて、その辺から音が出ているという感じです」
　「大変良い観察力です。そして、beat と発音した時より、bet と言った時のほうが、下顎が下がっているのが分かりますか」
　「beat — bet. あー、なるほど。こんなこと考えてもみませんでした」
　「それは当たり前のことです。普通にしゃべる時にいちいち、舌はどこか、下顎はどうなっているかなんて考えながらしゃべっていては、それこそ、舌を噛んでしまいますからね。でも、外国語を学ぶ場合は、母国語の音と比べて、どう違うのか確認できると、正しい発音ができるようになり、音の違いが分かるようになります。それが、さらに聞き取り能力の向上につながります。bit の発音は、下顎の位置を beat のときより、ちょっと下げますが、『エ』になるほど下げないように。では、もう一度。beat — bit — bet」
　「beat — bit — bet」
　「それでは、ちょっと下げすぎです。もう少し、『イ』の音に近くして」
　「beat — bit — bet. beat — bit — bet. beat — bit — bet」
　「だいぶ近くなりましたよ。続けて練習しましょう」

*

　「では、次は、文章で練習です。後について言ってみましょう」
　【読者の皆さんも、ご一緒に。CD No. 2】

She knit a neat sweater.	彼女は素敵なニットを編んだ。
Each tried to reach his itch.	一人一人かゆいところに手を伸ばしたとさ。

I live quite far, so I must leave early.　家は遠いのではやく帰らないと。
The kitten was beaten and bitten.　　　小猫はぶたれて、嚙まれてしまいました。
I bet the pin is hers. But the pen is mine.　そのピンは彼女のに違いない。でもペンは僕のだ。

*

「次は、この早口言葉です」
【読者の皆さんもご一緒に。CD No. 3】
Peter Piper picked a peck of pickled peppers.
If Peter Piper picked a peck of pickled peppers,
　　　where is the peck of pickled peppers Peter Piper picked?
(ピーター・パイパーが酢漬けの唐辛子をたくさん摘んだとさ。ピーター・パイパーがたくさん酢漬けの唐辛子を摘んだんだったら、ピーター・パイパーの摘んだたくさんの酢漬けの唐辛子は、どこにあるのさ)
　「それじゃ、発音練習、いきますよ ...」

*

　「あの、もうちょっと、ゆっくりお願いします」

*

　「だいぶよくなりました。では次は、hut — hat — hot の違いを練習します」
　「ちょっと待ってください、先生。少し休憩を入れていただけないでしょうか。頭が混乱して」
　「いいでしょう」

コーヒーブレイク

　「ユミコ先生、どう思いましたか。私は佐藤さんの感性は悪くないと思いましたが」
　「そうですね、リュウコ先生。私も、まずまずだとは思いますが、かなり緊張しているようですね。肩の力を抜いてもらう必要があると思います。何と言うか、佐藤さんは顔中の筋肉がまだ硬いって感じです」
　「おっしゃる通りですね。発音練習の前に、顔のマッサージをさせて、顎と口をぐるぐる動かすように指導したらどうでしょうか。あれは、馬鹿にしたものではありませんよ。私も、放送開始前、よくブースの中でやるんですが、

やるとやらないでは、口の動きがずいぶん違います」
「ああ、そうですね。私もやります。では、そのように指導しましょう」

続けて母音の聞き分け

「では、佐藤さん、続けますよ。hut — hat — hot の違いです。次の文章を読みますから、聞いてください」
【読者の皆さんは、CD No. 4 を参考に、発音してみましょう】

Betty Botter's Butter	ベティ・ボターのバター
Betty Botter bought some butter,	ベティ・ボターはバターを少し買いました
"But," she said, "the butter's bitter;	「でも」と彼女は言いました「このバターは苦いわ
If I put it in my batter	「これをお菓子の材料に入れたら
It will make my batter bitter,	「材料は苦くなってしまう
But a bit of better butter	「でもこれより良いバターを少し入れれば
Will make my batter better."	「材料はもっとおいしくなるはずね」
So she bought a bit of butter	そこで彼女はバターを少し買いました
Better than her bitter butter,	苦いバターより良いバターです。
And she put it in her batter	それを材料に入れますと
And the batter was not bitter,	材料は苦くなくなりました。
So 'twas better Betty Botter	良かったこと、ベティ・ボターが
Bought a bit of better butter	もっとおいしいバターを少し買って、
For her batter.	彼女のお菓子の材料に入れたのは。

*

「先生、何がなんだかさっぱりです」
「大丈夫。一つ一つ練習しましょう。Botter と bought は 両方 /ɔ/ の発音です。日本語の『イ』『オ』『ア』と言ってみましょう。口が少しずつ大きく開きますね。そして、『イ』『オ』『ア』と音の出る箇所が口の中で上、中、

下そして、前、中、奥と移動するのが分かりますか」

「イオア、イオア...あっ、本当だ」

「英語の bought にあるような /ɔ/ は日本語の『オ』と『ア』の中間のような音になります。私の口の形を見ながら、はい、後について、Botter, bought」

「Botter, bought. Botter, bought」

「そう、そう。いいですよ」

「じゃ、今度は、but, butter と batter です」

「but, butter」

「いえ、『バット』『バター』ではありません。あんまり口を大きく開けずに、何か忘れ物を思い出して、『あ、そうだ』と小さくひとりごとを言う時の『あ』の感じです。そして、tter は t という音が二つ重なっているようですが、これはただのスペリングです。音は t 一つで、濁ります。でも、日本語の『だ』ではなく、『らりるれろ、らりるれろ』と早口で言った時の『ら』に近い音です。まず、『らりるれろ』を繰り返し言ってみましょう」

「らりるれろ、らりるれろ...」

「そう、では、次は、私の後について、すこしずつ発音してみましょう。Betty Botter bought some butter...」

「Betty Botter bought some butter...」

「batter はもっと口を横にべたっと平たく開く感じで...」

*

「お疲れさま。母音の発音はだいぶ良くなりましたから、今日はこのぐらいにしておきましょうか」

「はー、はい。英語の音はこんなに違うものだったなんて。なんか、すごく疲れてしまいました。しかし、今まで、何で自分の発音がなかなか通じない時があるんだろうと思っていましたが、めちゃくちゃな発音だったんですね」

「それを自覚できたということは何よりです。リスニングも格段に良くなるはずです。このテープを宿題に出しますから、中のインストラクションにそって、復習と予習をしっかりやっておいてください。次は母音の聞き分けのテストもしますから」

指導記録

思ったより耳は悪くはないようだが、全体に硬い感じ。性格が硬いのがそ

SESSION 1: 音声の誤解を解く   11

のまま練習にも出ているようである。顔のマッサージは、最初恥ずかしがって、気の入らないやり方をするので、リュウコ先生にお手本を示してもらう。あんな顔になってしまっては百年の恋もなんとやらだが、効果の程はテキメン。笑っては悪いと思ってか、笑いをこらえていた様子だったが、あれで緊張が解けたようであった。

子音の聞き分け

「では、佐藤さん、今日はまず、先日お約束した母音の聞き分けテストからやってみます。次のテープを聞きながら、それぞれ、二つの言葉の母音が『同じ』か『違う』かで、答えてください。ヘッドフォンをつけて、どうぞ」
「はい」

*

[母音テストの一部と佐藤さんの答えと採点]
【読者の皆さんは、以下の文字表記を見ないで、CD No. 5 を聞いて、いくつ正解が出せるか、やってみましょう】

1.	dab — dub	違う	○
2.	ham — hum	違う	○
3.	cub — cob	同じ	×
4.	mum — mom	同じ	×
5.	luck — lock	違う	○
6.	hot — hut	同じ	×
7.	just — jest	違う	○
8.	crust — crest	同じ	×
9.	pick — peck	違う	○
10.	Hud — head	違う	○
11.	had — head	違う	○
12.	sad — sod	違う	○
13.	odd — add	違う	○
14.	road — rod	同じ	×
15.	Joan — John	同じ	×
16.	note — not	違う	○
17.	goad — god	違う	○
18.	code — cod	違う	○

19.	rote — rout	違う	○
20.	toll — towel	同じ	×

⋮

*

「佐藤さん、大変良くできました。少し、間違っていましたが、かなり正確に聞き取れましたね」

「そうでしょうか。ありがとうございます。やっぱり、母音のレッスンの効果があったと思います。音を聞いていると、あの表が頭に浮かんでくるくらいですから」

「そうですか。それは何よりです。では次は英語の子音に進みましょう。英語にはこれだけの子音があります(p. 6 表2)。右の列の単語を一つずつ声を出して、読んでください」

【読者の皆さんも、CD No. 6 を聞きながら、発音してみましょう】

「最初に [l] と [r] から。まず、私がこの本で口を隠して、二つの言葉を発音しますから、同じ音か違う音か言ってください」

「はい、分かりました」

*

[100題クイズの一部と佐藤さんの答えと採点]

【読者の皆さんも、次の文字表記を見ないで、CD No. 7 を聞きながら、クイズをやってみてください】

1.	lay — ray	同じ	×
2.	lay — lay	同じ	○
3.	leap — leap	違う	×
4.	loom — room	違う	○
5.	lump — rump	同じ	×
6.	gloss — gross	同じ	×
7.	split — sprit	同じ	×
8.	cray — clay	違う	○
9.	life — life	違う	×
10.	list — wrist	違う	○
11.	flock — flock	同じ	○
12.	stealing — steering	違う	○
13.	Eileen — Irene	同じ	×
14.	elect — erect	同じ	×

SESSION 1: 音声の誤解を解く

15.	pilot — pirate	違う	○
	⋮		
96.	veal — veal	同じ	○
97.	lobe — robe	同じ	×
98.	leaf — reef	同じ	×
99.	right — right	同じ	○
100.	heel — here	違う	○

*

（フー、なんてことだろう。全然、違いが分からないや。だいたい、何のコンテクストもなく、単語だけなんだから、分かるわけないよな。単語ってのは、そもそもコンテクストがあって意味が分かるんだからな。こんなことやって、意味あるのかな）

*

「はい、ご苦労さまでした。100点満点中、15点です。まぐれもありそうですね」

「はー、ほんとのところ、全然と言ってよいくらい分かりませんでした」

「[l] と [r] については、佐藤さんだけではありません。私も最初の成績は30点でしたから、心配はありません」

「えー、そうなんですか。それを聞いて安心しました」

「では、発音の仕方から説明します。まず、日本語の『らりるれろ』を繰り返し言ってください」

「はい、らりるれろ、らりるれろ」

「舌の先は上顎のどの辺に接していますか」

「えっ、ら、り、る、れ、ろ。どの辺にと言われても」

「上の歯のすぐ後ろではなく、歯から少し奥にでこぼこした部分があって、そこについていませんか」

「ら、り、る、れ、ろ。あっ、そうです。そうです」

「では、leaf と発音してください」

「leaf」

「舌の先はどこにきますか」

「今の、その先生のおっしゃった凸凹したところです」

「では、舌の先を歯のすぐ裏にもってきて、leaf と発音してください」

「leaf」

「日本語の『り』と英語の [l] の音の違いが分かりますか。リーフ — leaf」

「あー、ほんと、違いますね」
「では、次。[r] です。[r] の音はアメリカの子供も体得するまで一番時間がかかる音です」
「えっ、アメリカ人の子供でも？」
「そうです。ポーキーピッグという漫画を見たことがありませんか。あの中にでてくるキャラクターが、ウサギのことを rabbit と言えずに wabbit と発音します。小さな子供が [r] で始まる言葉の正しい発音の仕方を体得する前には、皆 [w] の発音になるのです。
「それは [r] の発音は唇を [w] のように丸めて舌の先をちょっと上に持ち上げ、上顎につかないようにして発音するためです。アメリカ人の子供でも最初はこの舌の使い方が難しくて、[w] の発音になるのです」
「へえ、そうなんだ」
「そうです。ですから、ネイティブの子供と同じように練習すればよいわけです」
「でも、学校では [r] は舌の先を丸めて、舌が口の中のどこにもくっつかないようにして発音すると習いましたが、それがうまくいかないんですよね」
「舌の先を丸めるのは難しいでしょう。丸めるのは唇のほうです。舌の先はちょっと浮かせるだけです。舌のサイド、横の部分は上顎や歯に触れていて良いのです」
「では、やってみましょう。私の口を見てください」
「run, rust, read, ready, rabbit, wrong, road . . .
「read — lead, loss — Ross, road — load, right — light . . . 」

*

「舌の先を丸めないということが分かったら、ずっと楽にできるようになりました」
「では、文章で練習です。この簡単な文章を読んでみましょう」
【読者の皆さんも、声に出して読んでみましょう。CD No. 8】

I watched a little butterfly	小さなチョウチョウが飛んでいた
Flying right above my hand	私の手のすぐ上を
While I watched my butter fry	バターがはじける
Frying rice in my frying pan	ピラフをつくるフライパンの中では
When the frying butter popped	バターが跳ねると

SESSION 1: 音声の誤解を解く

The little butterfly just stopped	チョウチョウは一瞬羽ばたきをやめたけど
The frightening sound of the butter frying	バターのはじける音に驚いて
Sent the little butterfly flying	小さなチョウは飛んで逃げて行きました

*

「こりゃ難しい。先生、舌を噛みそうです」
「大丈夫。1行ずつ、練習しましょう。自分でも、練習を重ねてください。では次へいきますよ」

*

「佐藤さん、ご苦労さま。子音の練習はこのぐらいにします。次回は文章になった時にそれぞれの音がどう変化するのかということと、イントネーションの勉強に入ります。宿題のテープです。前回と同じようにインストラクション通りにやってきてください。これからはニュース英語がいよいよ教材になりますから」

「はい。がんばりますので、よろしくお願いします。この音声学ってのをもっと早く習っていたら、ずっと楽に、もっと英語ができるようになっていたと思います。どうして、学校で教えてくれなかったのかな」

指導記録

まだ、少し硬いところがあるものの、顔の筋肉の体操はだいぶきちんとやっている様子。個々の音の聞き分けと発音は、子音、母音共にずいぶん向上した。子音については、日本人にとって一番苦手な [l] と [r] の発音の仕方について、まず、丁寧に説明し、自分でもほぼ正確に発音できるようになったことが、自信につながった様子。最初は音声訓練の効果に多少の疑問を持っていたようだが、きちんと英語の音声構造を頭に入れた上で 100 題クイズなどを繰り返すうちに、段々と効果が目に見えてきたことで元気づけられ、さらに練習を重ねたようだ。east と yeast の発音についてはまだ違いが出せないが、基本的な音声訓練は予想以上の成果をあげている。

また、英語の個々の音は、natural speed の文章になった時、隣接する音と合体したり、短縮されたりして、かなり変化するが、その変化にも法則がある。実際のスピーチでは、どのように変化して聞こえるかについても、学

習し、聞き取りと発音の訓練を受けてもらった。
　一応これで、佐藤さんは受講生としてほぼ合格が確定すると思うので、その旨アキコ院長に報告するが、発音の基礎をマスターしたことが、どの程度実際の聞き取りにプラスに働いているかチェックするため、知っている単語ばかりで構成される 10 単語以下の長さで、雑音など音の障害のない文章の聞き取りの訓練を自宅でしてもらう。その上で、次回のレッスンの始めに、短文のディクテーションの試験を受け、その結果で正式に受け入れるかどうかを担当講師二人が決めることになった。

SESSION 2
ディクテーション

短文ディクテーション試験

「こんにちは。短文の聞き取り練習をなさっていかがでしたか。5日間で600文の課題をこなすのは大変でしたか」

「はい。正直に言って、とてもきつかったです。仕事先で思わぬトラブルがあって、そのうえ部下の対応がまずく、それを報告しないもんだから毎日帰りが遅くなって...あ、すみません。愚痴を言うつもりはなかったのですが」

「最初にも説明があったと思いますが、クリニックにお入りになるとかなり過酷な課題をこなしていただくことになっています。意欲があっても仕事などで忙しく時間が取れない方は成果を上げるのが難しいので、自信がないと思われるのなら、ここでおやめになっても結構です。どうなさいますか」

「やめるなんて、そんな。確かに、最初の日は30個ぐらい書き取ったらもうふらふらで、どうしようかと思ったんですが、やっているうちに慣れてきたのかスピードが速くなりました。短い文なら1回で聞き取れるものもありました。スペルまで調べられなかったので、間違っているところもあるかもしれませんが、大体意味も取れたと思います」

「分かりました。自習課題の評価は今別室で行っていますので、その結果とこれから受けていただく試験の結果を合わせて、受け入れの最終決定をさせていただきます」

「なんだか緊張するなあ。がんばりますので、よろしくお願いします」

*

[佐藤さんが受けた短文ディクテーション試験問題の一部]

【読者の皆さんは、CD No. 9 を聞いて、書き取ってください。3回までは聞き返してよいことにします】

1. Within Asia, however, progress has been more difficult.
2. We cannot reshape the past.
3. At least there is some hope there.

4. Have you had any trouble with Japanese employees before?
5. The mistake we have made is to believe that the dream is already a reality.
6. There is a saying in English, "Pride comes before the Fall".
7. I fell in love with her at first sight.
8. Perhaps the most dramatic is the information revolution.
9. Okinawa has historically been not only a bastion, but also a gateway.
10. They had a sense of crisis that if they didn't do something about it they would lose.

*

「お疲れさまでした。結果が出るまでしばらくお待ちください。コーヒーもできていますので、どうぞご自由にお飲みください」

コーヒーブレイク

「ユミコ先生、自習課題の結果はどうでしたか」

「まずまずでしたよ。最後の100題は時間がなくなったのか、ちょっと雑だったけれど。ひとつにつき平均で3回ぐらい聞いています。長い文で5回というのがあったかしら。コンテクストがないから、純粋に音だけで取っているんですが、正答率は70%だからそんなに悪くない。試験はどうでしたか？」

「一律で3回しか聞かせないから、少し長めの文は苦しそうでした。あとで想像して書いたものもあるようです。有望とは言えないけれど、熱意はあるみたいだからいいんじゃないでしょうか」

「そうですね。なんか必死なところがあるから、断ったら気の毒で、しばらく悪夢を見そうね。きっと、気をもんでらっしゃるから、早く合格だって言ってあげたらどう」

いよいよ訓練に

「お待たせしました。検討の結果、佐藤さんを正式にクリニックの受講生としてお引き受けすることになりました。一緒にがんばりましょう」

「ありがとうございます。ああ、ほっとした。なかなか先生が出てこられな

SESSION 2: ディクテーション

いので、だめかと思っていました」
「それでは、さっそく本格的なディクテーションの訓練を行います。まず、単語を押さえておきましょう」

*

［単語テスト］
【皆さんも右の正解等を見ないようにして単語テストをやりましょう】

	佐藤さんの答え	（正解）
foreign relations	外国との関係	（外交関係）
entire	?	（全部の）
financial system	金融システム	
urgent	緊急の	
G8	ジーエイト	（主要8カ国）
the World Bank	世界銀行	
region	地域	

*

「単語は大体良いようですね。それでは次の英文全体を聞いて意味を取ってください」
【皆さんも CD No. 10 タイ外相スピーチを聞いて大まかな意味をつかみましょう】

The latest call by President Clinton at the Council on Foreign Relations in New York I think is a timely suggestion, and is welcome around the world. And that is the entire international system will have to come together and try to address the financial system that will be more effective, that would prevent the same kind of experience from repeating itself in the future. I think it is an urgent need, there is an urgent need for that, and the G7, G8 are looking at that. And then there are other countries who will be gathering here during the World Bank meeting, next month I believe. They will have to address that problem very, very quickly. Essentially it's no longer one country's problem, no longer one region's problem. It is an entire financial system of the world that needs to be addressed.

*

「どうでしたか。何を言っていましたか」
「...」

「何でもいいんですよ。断片的でも」
「世界の金融システムについて、クリントン大統領が何か言ったとか、G7や世銀がなんかしないといかんとか。あとはぜんぜん分かりません」
「音は聞き取りにくいですか」
「いいえ、はっきりしていると思います。おかしいな、聞いているときは、ほとんどの単語が分かるような気がしたんですが、終わってみると何にも頭に残っていない。どうしてだろう」
「今度は同じ文章を少しずつ切りながら流しますので書き取ってください。全部で3回繰り返しますので時間は十分あると思います」
【読者の皆さんも同じ教材を少しずつ区切りながら書き取りましょう】

*

[佐藤さんが書き取った英文]
The latest call by President Clinton at the Council for foreign affairs in New York, I think it's (is) a timely suggestion and is welcomed around the world. And ??? (that is the) entire its national (international) systems to become ?????? (system will have to come together) ??? (and try to address the) financial system ??? (that) will be more effective, ????? (that would) prevent the same kind of experience from repeating itself in the future. I think it's an urgent need, there is an urgent need for that, and the G7, G8 are looking at that. ????? (And then there are) other countries ?? (who) will be gathering here at the World Bank meeting next month, I believe. They will?? (have to) address this (that) problem very very quickly. In this country (Essentially), it's no longer one country's problem, no longer one regent's (region's) problem. It is an entire financial system of the world. It (that) needs to be addressed.

（注）??? は抜けた箇所。（　）内はその補充、間違いの訂正を示す。スペルミスはカウントしていない。

*

「それではご自分が書き取ったものを見ながら意味をつけてください」
「途中、分からないところがあるんですが、やってみます」

*

[佐藤さんの訳例]
クリントン大統領の最近の演説は、ニューヨークの海外関係のカウンスル

においてのスピーチだけれども、それはすごくタイムリーで世界に歓迎される提案だと思います。えーっと、これ文頭がわからないなあ。*国内の金融システムは海外に影響を及ぼすようになってきたので*同じ悲劇を繰り返さないために努力することが緊急に必要だと思います。そしてG7, G8諸国は、この現実を直視しなければいかん。他の諸国は来月世銀において話し合いを持つことと思う。そして彼らはこの問題について早急に提案をすべきです。今世紀において金融システムの危機は、すでに国内にとどまらず、一つの地域の問題でもなく、その解決は急がれる。

*

「一番大きなミスは2番目の文頭ですね(*〜*まで)。もう一度聞いてください。And that is the entire international system will have to come togetherの部分です。ここをAnd entire its national systems to becomeと書き取っていますが、本当にそうでしょうか」

「あっ、internationalだ。どうしてits nationalだと思ったんだろう」

「そのために国際と国内を取り違えたのですね。短い音ですからありがちなことです。それと最後の部分In this countryと書きとめたところですが、もう一度聞いてください」

「...?」

「どうですか」

「...やあ、分かりません。In this countryではないようですが、何とかリーって言ってますよね」

「確かに音がちょっとこもっているようですが、essentiallyです。もう一度聞いてください」

「ああ、そうですね。なあんだ。その単語はよく知ってますよ。くやしいな」

「それでは、正解を見ながらもう一度聞いてみてください」

「なるほどね。よく分かりました」

「二番目の文章は、最初の単語でつまずいたために取り落としが多かったけれど、それ以外で抜けたり誤解しているところは、that is, that, that would, and then there are, who, have to, that など、短い音の連なりばかりです。それ自体には意味はないけれど、文章のコンポーネントをつなぐ重要な役目をするものですから、聞き落とさないよう気をつけてください。でも書き取った文章の内容はしっかり把握できていますね」

【読者の皆さんはいかがでしたか。模範訳例を参考にどの程度把握できたか

をチェックしましょう】

*

[模範訳例]
　最近クリントン大統領がニューヨークの外交評議会で行った呼びかけは時宜を得た提案であり、世界中で歓迎されています。それは国際的なシステムすべてが協力して金融制度をより効果的にし、同じような経験を将来繰り返すことのないようにしなければならないというものでした。私は、それは緊急に必要なものであり、G7やG8はその検討をしていると思います。また、来月開かれる世界銀行の会合に集まるその他の国々もこの問題を早急に解決しなければなりません。これはもはや、一国の問題、一地域の問題ではないのです。世界の金融制度全体を立て直さなければならないのです。

*

「それでは次のスピーチを聞いてみましょう。1回だけ流しますから、何を言っていたか教えてください」
【CD No. 11 Endicott 氏スピーチ。読者の皆さんも全体を聞いて大まかな意味をつかみましょう】
　Let's for a moment think how developed this mature relationship is. Last year $187 billion was the bilateral trade between our two countries. That is an amazing amount of money. That is an amazing amount of trade. Twenty-three percent of imports received by Japan come from the United States. Twenty-seven percent of its exports go to the United States. We now have about 47,000 members of American Armed Forces still in Japan. They are not here, however, as they were in the 19... late 40's and early 50's as an occupying force, but as a force for a sincere strategic partnership, that takes on a new meaning each year. I think the success, just several weeks ago, of the U.S.-Japan guidelines, for example, as far as the defense cooperation, is another indication of the maturity of the relationship, that it is really an equal relationship and mature. We do have our areas of controversy, but when we face those areas of friction, my response is, to my American colleagues and friends, "How do you get anywhere if you don't rub the road?" There has to be friction in order for progress to be made, and so there is always some degree of friction.

*

SESSION 2: ディクテーション

「経済と防衛についての日米関係に関するスピーチですね。トレードアマウントはアメージング。日米関係は緊密。日本の輸入の 23% はアメリカから、輸出の 20% はアメリカ向け。そのあと、在日米軍の話をしていました。TGパートナーシップと聞こえたけれど、なんだろう。ガイドラインや摩擦の話をしていた。米軍の数は分からないけれど、今と昔を比較していました。摩擦がどうのこうのといっていたけれどよく分かりません。前のテープより聞きやすいと思いました」

「それでは先ほどと同じように少しずつ区切りますから、書き取ってください」

【読者の皆さんもやってみましょう】

*

［佐藤さんの書き取った英文］　下線は間違ったり抜けた部分で、（　）内に正解を示す。

Let's for a moment, think how <u>develop</u> (developed) this mature relationship is. Last year, 187 billion dollars was the bilateral trade between the two countries. That is an amazing amount of money. <u>This</u> (That) is an amazing amount of trade. 23% of imports received by Japan come from the U.S., 27% of (its) exports go to the U.S. We now have about 47 thousand members (of) American <u>Arm</u> (Armed) Forces still in Japan. They are <u>now</u> (not) here, however, as they were late 40's and early 50's as an occupying force, ??? <u>the force have</u> (but as a force for) a sincere strategic partnership that takes on <u>a</u> new meaning each year. I think the success just several weeks ago of the U.S.-Japan guidelines. For example, as far as the defense cooperation <u>its</u> (is) another indication of (the) maturity of the relationship <u>on</u> that it is really an equal relationship and mature. We do have (our) area's (areas of) controversy, ??? (but when) we face <u>an</u> (those) areas (of) friction, my <u>responsibility</u> (response) is to my American colleagues and friends, how do you get anywhere if you don't rub a road. There has to be friction in order <u>to</u> (for) progress to be made. (and) So, there is always some degree of friction.

*

「このテープは分かりやすかったようですね。大きな単語は、ほとんど書き取れていますよ。書き取ったものを読みながら、大まかな内容を教えてくだ

さい」」

「きちんとした和訳でなくてもいいんですね。『成熟した二国間関係をどう築いたか言ってみよう。昨年1870億ドルの二国間貿易があった。金額としてもすごい。日本の輸入額の23%はアメリカから、輸出額の27%はアメリカ向けだった。在日米軍は4万7000人で、1940年代から1950年代にかけては進駐軍としていたが、今は戦略パートナーシップといっている』えっと、take on ってどういう意味だっけ。『毎年、新しい意味がつく？ 数週間前にあった日米のガイドラインの成功は日米間の成熟した関係を意味していると思う』 maturity って聞くととっさに返済期日だって思うんですよ。do have は強調ですよね。『しかし、摩擦はありますよ。進歩のために摩擦はあるもの。いつでもある程度の摩擦はある』この箇所は知らない単語はほとんどありませんでした」

「結構です。take on のところは『その意義は毎年新しくなる』という意味でしょう。一番大きなミスは not を now と聞き間違えているところです。でもなぜか意味は取り違えていませんね」

「ここは常識というか，多分こういうことだろうと思ったからです」

「他は developed の ed, mature relationship is の is, that is, as they were, as an, but as, just, but when, of のようなつなぎの言葉です」

「そういうところが難しいですね。実は最初 mature と immature を取り違えていて、意味が変だなあと思ったんです。聞き直してやっと分かりました」

*

[模範訳例] 佐藤さんの訳でほぼ網羅されているので、最後の5行分の訳のみ。

確かに問題になっている分野はあるが、摩擦に直面したとき私はいつもアメリカ人の同僚や友人に言うことにしている。「どこに行くにしても、道路を靴の底で摩擦しないことには行けないだろう」進歩のために摩擦が起こるのはやむを得ない。だから、いつもある程度の摩擦はあるものだ。

*

「お疲れさまでした。佐藤さんは音声の聞き取り自体にはそれほど問題はないようです。もちろん音の短いつなぎの言葉を聞き落としたり、ちょっとしたしゃべり方の癖にひっかかったりするので、もっと感度を磨く必要がありますが、耳が悪いわけでも英語の力がないというわけでもありません。努力すればかなりの成果が期待できるでしょう」

SESSION 2: ディクテーション

「本当ですか。一生懸命やります。なんか、希望が出てきたなあ。ありがとうございます」
「次の訓練はシャドウイングです」
「シャドウって影という意味のシャドウですか」
「そうです。音声を聞きながらそのとおりに口真似していくのですが、ポイントは絶対に止まらないことなんです」
「どういうことですか」
「やってみれば簡単です。わたしが日本語をしゃべりますから、一緒についてしゃべってください」

*

リュウコ先生：　先ほどから、日本のボランティア活動は欧米にくらべて遅れているという
佐藤さん：　　　　　　　先ほどから、　　　　　日本のボランティア活動は...

*

「佐藤さん、わたしが言い終わるのを待って繰り返すのではなくて、一緒に言うんです。わたしは止まらないのですから、あなたのように待っていてはついていけませんよ。絶対に遅れないようにがんばってついてきてください」

*

先生：　先ほどから、日本のボランティア活動は欧米にくらべて遅れているという発言が
佐藤さん：　先ほどから、　日本のボランティア活動は　欧米にくらべて　遅れている
先生：　相次いでいますが、わたしはそうは思いません。
佐藤さん：　という発言が　相次いでいますが、　わたしは　そうは思いません。

*

「今度はついてこれましたね。その要領です。簡単でしょう」
「はい、日本語だったら大丈夫だと思いますが、英語でこんなことできるんでしょうか」
「詳しいやり方はこの自主教材に書いてありますので、家でよく練習をしてきてください。きょうはどうもお疲れさま。正式にお引き受けした方には、当クリニックが責任をもって指導しますので、きっと成果があがりますよ。それでは次回に御目に掛かるのを楽しみにしています」

＊

[雄太のひとりごと]

　ああよかった。とりあえず合格だ。それにしても、予想以上に厳しそうだな。発音の指導をしてくれたユミコ先生は女らしいし、やさしくていいけれど、リュウコ先生はちょっと気を抜くとビシバシ突っ込んでくる感じで疲れるなあ。見た感じも男みたいでおっかないし。ユミコ先生のレッスンが多いといいのになあ。おっと、窓からリュウコ先生が見送っているぞ。こんな気持ちを気取られてはヤバい。早く帰ろう。

指導記録

　佐藤さんには、比較的知識があると思われる内容のスピーチをいくつか書き取ってもらったが、結果はほぼ同じだった。長い単語や難しい単語の方がよく聞き取れる。しかし、それらをつなぐ機能語と言われる短い単語、of, on, but, for が認識できないために、糸の切れたネックレスのように情報がばらばらになってしまう。

　一番問題なのは、情報を耳からダイレクト・キャッチできないという点だ。佐藤さんはまじめな努力家なので、時間をかければかなりのレベルのディクテーションを完成することができた。だが、彼にとって英語はどこまで行っても「読むもの」であり、「聞くもの」にはならなかった。1回聞いてごく大まかなアウトラインはつかめるようになったものの、具体的な内容について尋ねると、「ちょっと待ってくださいね」と言って文章を書き出し、それを読んで訳をするというパターンから抜け出せなかった。佐藤さんの目標はディクテーションができることではなく、英語を聞いてすぐ分かるようになることである。耳からのダイレクト・キャッチを実現することを考えると、これ以上ディクテーションを続けると、書き留めないと理解できないという変な癖がつく恐れがある。

　もう一つ気がついたのは、佐藤さんにとって英語は「完璧なもの」であるという点だ。自分が必ずしもいつも文法的に正しい日本語をしゃべっているわけではないのに、教材として提示される英語の素材には完璧さを求める。彼はしばしば「ネイティブなのにこんな間違いをするんですか」「嫌だな、言い直しなんかしないでほしいですね」「このアクセントおかしくありませんか」という言い方で、話し方の不完全さを批判した。また、指導担当者の「どちらでもいいんです」「たぶん、こういうニュアンスでしょう」というあ

いまいな言い方が嫌いである。しかし、人の言葉は数学のように割り切ることはできない。真面目さの裏にある一種の頑迷さが今後の進歩を妨げなければ良いのだが。

　次回のシャドウイングの訓練に備え、自習課題を出した。

SESSION 3
シャドウイング

内容が分かっているテープを使って

「佐藤さん、それでは、今日はシャドウイングです。やり方はお分かりですね」

「はい、先週リュウコ先生のご説明がありましたから。とにかく、相手が、『私は...』ときたら、すかさず、『私は...』と後を追って口に出していけばいいわけですね。そして、その後もつづけて、聞きながらしゃべるということですね」

「そうです。ご自宅では日本語ニュースでまず練習をしていただくよう、自習課題が出ていたはずですが、どうでしたか」

「はあ、最初はとまどいましたが、だいぶついていけるようになったと思います。しかし、シャドウイングをしようとすると、NHKのアナウンサーというのは、けっこう早口ですね。いつも、民放のアナウンサーなんかに比べると、話し方がゆっくりだなと、ちょっともどかしく思っていたのですが、いやあ、聞きながら、同時にこっちもしゃべって、ついていくのは、なかなか大変でした」

「そうですね。ところで、どの程度ついていけるようになりましたか。100%できましたか」

「いやあ、100%は無理でした」

「ニュースの内容によって、情報の落ちる量に差はありましたか」

「ありました、ありました。内容がよく分からない難しいもの、たとえば、脳死の患者からの臓器移植の話とか、臨界事故とか、内容が難しくなると、ついていくのは大変でした」

「では、今日はそのシャドウイングを英語でやってみます。まわりの雑音が入らない方が、集中力が出ますから、ヘッドフォンをつけてやりましょう。では、いいですか。テープをオンにしますよ」

【読者の皆さんはCD No. 11を使ってシャドウイングをしましょう】

SESSION 3: シャドウイング

　　　　　　　　　　　　*

オリジナル： Let's for a moment think how developed this mature relationship is.
佐藤： Let's for a moment　ウン？　how developed this　えっと　relationship...
オリジナル： Last year $187 billion was the bilateral trade between our two countries.
佐藤： Last year one-hundred eighty ???? dollars was...bi...trade between two countries
オリジナル： That is an amazing amount of money. That is an amazing amount of trade. Twenty-three percent of imports received by Japan come from the United States. Twenty-seven percent of its exports go to the United States. We now have about 47,000 members of American Armed Forces still in Japan. They are not here, however, as they were in the 19...late 40's and early 50's as an occupying force, but as a force for a sincere strategic partnership, that takes on new meaning each year.
佐藤： That is...amazing...trade　あれ？　23% of imports...by Japan comes from the United States. 20　あれどうしたんだろ？　We...about...4??? thousand...of American...Forces still in Japan. They are not here, however,...they...in the 19...early 40's　イヤ　50's ???? occupying force, but as ?????? new meaning...

　　　　　　　　　　　　*

「ちょっと、ここでテープを止めますね」
「ああ、どうしたんだろ、英語になったらすごく難しくなっちゃいました」
「この部分は前回ディクテーションでおやりになった部分ですね」
「はい、そうなんですが、イヤ、何というか、自分の声でオリジナルが聞こえなくなっちゃうっていうか」
　「最初はだれでもそうですから、練習すれば大丈夫ですよ。心を落ち着けて、深呼吸をして、何回か練習してみましょう」
　「変だなー、日本語では、かなりできたのに。それに、これは意味もちゃんと分かってるところなんだけどなー」
　「使い慣れていない言葉や、発音し慣れていない言葉が、口に出にくいというところがあるかもしれませんから、ちょっと練習してみましょうか」

「あっ、そうかもしれませんね」
「では、mature relationship と何回か言ってみてください」
「mature relationship, mature relationship...」
「次は、American Armed Forces」
「American Armed Forces, American Armed Forces...」
「Ameri... の a は小さく、軽く、短く。『あ』ではありませんよ。その代わり me にストレスを置いて。アメリカ英語の音の構造の話をした時、説明したことを覚えていますか。-can は /kən/ と発音して、/n/ で上の歯の裏側についた舌の先はそこから離さず、そのまま次の /armd/ につづけて、/-narmd/ と発音してください。ストレスを置かない母音の発音は、軽く、短いですよ。日本語式に全部同じ強さ、長さで発音すると、とても間に合いません。もう一度」
「merik narmdforsIz」
「merik narmdforsIz...」
「そうそう。では、sincere strategic partnership」
「sincere strategic partnership, sincere strategic partnership...」

*

「では、ご自分でテープを巻き戻しながら、何回か練習してください」
「はい」

*

「どうでしたか」
「はい、だいぶついていけるようになりました。内容が分かっていますから、口さえ動けば何とかついていけますね。しかし、聞いているだけの時は、このテープは全然早口ではないと思ったのですが、シャドウイングをすると、やっぱりついていくのは、簡単じゃありませんね。さっきの難しい言葉の発音練習は役に立ったと思います」
「そうですね。話し言葉は、頭で分かっても、口に出ないのでは意味がありませんから、発音が難しい言葉や、使い慣れていない言葉は、何度も実際に口に出して発音することで、自分にとって聞いて分かる言葉、つまり、認知レベルの言葉から、使える言葉、すなわち運用レベルの言葉になるのですね。人は誰でもこの認知できるレベルのボキャブラリーが、運用できる言葉に比べて各段に多いんですね。聞いて分かると、自由に使えるような気になりますが、聞いて分かる言葉と使える言葉とは別物です。漢字でも読めば分かるけど、書けない漢字は山ほどあるでしょう」

SESSION 3: シャドウイング

「確かに」
「それと同じです。英語でも日本語でも実際に口に出して何度も言ってみる。そうすることで、自分で使える語彙を増やすことが可能になります。シャドウイングは強制的に発話させることですから、運用レベルの語彙を増やすことにもつながります。知らない言葉は聞いても分かりません。分かればよく聞こえるようになるというものです。通訳者も本番前に自分にとって発話したことのない新しい用語を、何回も口に出して練習をして会議に臨むんですよ」
「へー、そうなんですか。通訳のプロでもねー」

初見のテープを使ってシャドウイング

「では、今度は初見のテープでシャドウイングをやってみましょう。話をしているのは15歳の頃、故郷のイギリスへやって来た日本女性と出会い、その人に恋をして、とうとうその人を追って日本にやって来て、この国に腰を落ち着けてしまったという人です。日本の金融機関に何年か前からお勤めですが、日本企業の実情について厳しい観察を披露してくれました」

【読者の皆さんは CD No. 12 を使ってシャドウイングしてください】

オリジナル： Ah, I think I've been very lucky to have experienced my stay of 15 years in Japan, because I have seen so many permutations in the Japanese economy.

佐藤： Ah, I think I've been very lucky to . . . experience my . . . 15 years in Japan, because I have seen . . . うん？ 何だ？ in the Japanese economy.

オリジナル： Japan has experienced the "Bubble," then the bubble burst and the downturn has lasted for a long time and hopefully we're just seeing the first light at the end of the tunnel now.

佐藤： Japan has experienced . . . Bubble and . . . bubble burst . . . down えっ？ . . . for a long time and hopefully we're . . . first light うん ???

オリジナル： I once asked my immediate superior what the chances were of a Japanese financial institution hiring a foreign director, scouting a director from another overseas financial institution to be accepted as a member of the board, and he immediately told me that, well, it would be impractical

佐藤： I once asked my ???? what...chance...Japanese financial institution...a director, scouting a director from...financial institution...impractical

オリジナル： because you'd have to use an interpreter, and a Japanese financial institution just wouldn't want to spend that sort of money to scout somebody from outside.

佐藤： because you...interpreter and a Japanese financial institution just...money...from outside.

オリジナル： In my 15 years in Japan, I've always had that feeling that there is a distrust on the part of a lot of Japanese people, of things that come from outside Japan, for example, AIDS was always treated as a nasty thing that came from outside Japan.

佐藤： In my 15 years in Japan, I...always had that feeling...there is a distrust on...a lot of Japanese people,...that come from outside Japan, for example AIDS ?????? nasty thing...

オリジナル： The Mongol invasion, of course, it was the Kamikaze that turned the invasion back

佐藤： ???? of course,...Kamikaze that turned...back

オリジナル： and I have a very keen gut feeling that the way of thinking in Japanese human resources is that if you've not been distilled in the same company, passed up through the apparatus for thirty years, tried and trusted, then you won't be trusted enough to have such an important position as director.

佐藤： and I have a very...gut feeling...Japanese human resources...you've not been distilled in the same company...???? apa?? for 30 years, and trusted...enough...as director

オリジナル： This is a very frightening way of thinking to me.

佐藤： This is a very frighten???...thinking to me.

*

「ご苦労さまでした」
「フー、あっ、いや。いやー、全然ダメですねー」
「内容はどんな話か分かりましたか」
「内容ですか。えーと、15年くらい、何かにあって、人に会って？ 制約を見てきた？ いろいろ見てきて良かったとか言ってたように思いましたが。I

SESSION 3: シャドウイング

have been lucky とかって」

「そうですね。permutation は分かりましたか」

「いえ、それ、音は聞こえたように思いますが、意味が分かりませんでした。何ですか、それは」

「数学用語で順列、ここでは変化というぐらいの意味ですが、その言葉で引っかかったかもしれませんね」

「はい。引っかかりました。そのあと、バブルとか言ってたと思いますが」

「そうです。バブルが来て、バブルがはじけて、経済が低迷してと、いろいろな日本経済の状況を体験できて幸運だったと言ったんですね。日本経済の downturn て聞こえましたか」

「あー、あれは downturn でしたか。でも、そのあとだったか、光が何とかって」

「そう、the first light at the end of the tunnel now と言ったんですね。経済が低迷していたけど、ようやくトンネルの向うに最初の光が見えてきた、という意味です。熟語ですね」

「そうでしたか。熟語ですか」

「そうです。そのあとの、日本の金融機関が、外国人の理事を雇うことがあると思うかと、自分の直属の上司に聞いたことがあるというところはどうでしたか」

「えー、そうそう、そう言えば Japanese financial institution というのは聞き取れました。director とかって言ってましたよね。でも scout っていう意味が分かりませんでした」

「scout は、野球でも選手をスカウトすると言うでしょう。あれと似たような意味で、ここでは、雇うという意味です」

「そうでしたか。impractical とかってのも聞こえました。それで通訳雇わなくちゃって言ってたのか」

「いえ、そこは日本の金融機関じゃ、通訳雇うためにお金は出したがらないだろうから、実際には、外国人の理事を雇うのは impractical、現実的ではないと言ってたんです」

「あっ、そうですか。分からなかったな。impractical って言葉は聞こえたんですけど」

「日本人は昔から外国から来たものは信用しない傾向があるというのは分かりましたか。AIDS とか MONGOL とかという言葉は聞こえましたか」

「AIDS は言ってましたね。でも MONGOL は聞こえませんでした。

なんか、ナスティとかと言っていたように思いましたけど。どういうことですか」
「nasty は『意地悪い』とか『厄介な』という意味です。AIDS にしろ、モンゴル・蒙古襲来にしろ、日本人は元来、外国から来たものは『厄介なもの』だとみなすという意味です」
「あー、なるほどね」
「神風は聞こえましたか」
「はい、聞こえました。あれはモンゴルを追い返したって言ってたんですね」
「gut feeling とか、distilled, apparatus というのはどうでしたか」
「えー、聞こえたんですが、何のことかさっぱりでした」
「gut feeling は『腹の底で感じる思い』というような意味ですね。distilled は『蒸留する』、apparatus はここでは『組織』という意味で、『社内で 30 年も人材を純粋培養して、試行錯誤を重ねつつ信頼関係を築かないと役員にはしない』ということですね」
「そうか、よく分かりますね、言っていることは。ほんとに日本の会社じゃそうだと思いますよ。身につまされるな」
「ですから、最後は『そういうことを考えると自分にはとても怖いことだ』と言っているわけですね。では、意味が分かったと思いますので、今のところを、もう一度シャドウイングしてみましょう。何回か練習していただいて結構ですよ」

コーヒーブレイク

「リュウコ先生、佐藤さんのシャドウイングはどうでしょうか」
「なかなか、がんばりますね。初見の初回はだいぶひどい出来で、ご本人もあわてていらしたようですが、少しずつ落ち着いてやれば、進歩することがご自分でも目に見えてきたのではないでしょうか」
「そうですね。あとは、どこまで集中力を一気に高められるかですね」
「そうですね。佐藤さんもがんばれば、かなり向上するんじゃないでしょうか。人間てちょっと不思議ですよね。電車の中なんかで、いろんな人がいっぺんに話していても、自分が聞くべき相手の話だけ聞いて、あとの人の話は無視することができる能力を持っていますからね。しかも、電車の雑音の中でもね。それが、一種の集中力でしょう」

SESSION 3: シャドウイング

「そうですね。リュウコ先生もいつか耳鼻科で、ヘッドフォンつけて、どこまで音が聞こえるかどうかの検査をした時、普通の人には聞こえない音まで聞いているって、耳鼻科の先生びっくりさせちゃったんでしょ」

「そうそう。あれ傑作でしたよ。一種の職業病かしら、ヘッドフォンつけたら、あそこまで集中力が高まっちゃうなんて」

「佐藤さんにはそこまでは必要ないと言っておきましょう」

*

「佐藤さん、お疲れさまです。だいぶよくなってきましたよ。ちょっと休みましょうか」

「はい。よかった。もうかなり頭がヨレヨレになってきましたから。しかし、シャドウイングも意味が分かったらやり易くなりましたが、意味が分からないときはどうなんでしょう。本当にリスニングに効果があるんでしょうか」

「ありますよ。そもそも、シャドウイングというのは、普通、大体が漫然としてやっているリスニングを、強制的にグーンと集中力をあげてリスニングさせるというものなんですね。実際、アキラ先生の友達の玉井健という人が、高校生を対象にシャドウイング指導を、週1回3ヵ月行った結果を発表しているのですが、たとえ週1回3ヵ月でもシャドウイングをやった生徒にはある程度の進歩が見られたと言っています」

「3ヵ月ですか。それなら僕も希望を持ってできそうだな」

「ある程度の進歩ですから、あまり過大な希望をいだいて、3ヵ月やればいいんだとは思わないようにしてください。継続は力なりですよ」

「はい、それは、もちろん」

「玉井説によれば、日常的なリスニングでは、まず『大意』を求めて、一言一句全てを正確に聞き取ろうとはしない。機能語よりも内容語に焦点が置かれ、全体的な意味が類推されるが、その点シャドウイングは極めて意識的かつ人工的な聞き方であり、一語一語正確に聞こうとする態度が形成されることによって、音声の処理が効率化され、意味の処理にもよい影響を与えていると推測されると言っています」

「それに、シャドウイングでは高いレベルの注意 attention を頭に入ってくる入力情報に向けることで、感覚貯蔵庫内の情報の中で失われる部分を少なくし、作動記憶に送られる情報そのものの量を確保する働きがあるようだとも言っています」

「えっ、何ですか、今のカンカクチョゾウって?」

「つまり情報が入ってもすぐ消えてしまう短期の記憶装置から、情報を処理して理解につなげることができるもう少し長いスパンの記憶装置に入れることができるようになる。要するに、聞いたことをすぐ忘れてしまわなくなるということでしょう」

「そー、そういうことですか」

「日本語だと、たとえ一つぐらい知らない言葉が出てきても、テンタティブというか、暫定的にその言葉を記憶装置のどこかへ入れておいて、あとの言葉を聞いていくうちに、言葉の流れの中でああ、今のはこういう意味だったのだなと、自然に意味を補ったりして理解していくことができるでしょう」

「はあ、確かに、そういうことはありますね」

「でも、英語の場合は、知らない言葉が一つ出てきただけで、他の言葉も聞こえなくなってしまうことがよくあるでしょう。たった一つの言葉のせいで、集中力がゴソッと削がれ、その先が聞こえなくなり、その前の部分すら忘れてしまう」

「そうです、僕なんかいつもそうです」

「しかし、シャドウイングによって、強制的に集中力を高めさせ、情報処理を速めることでリテンション、つまり情報の保持能力も高まる。そして、理解力が高まるというわけです」

「今日は頭がすっかり疲れてしまって、なんだか、分かったような、分からないような気がしますが、納得できたような気がしないでもありません」

「けっこうです。だまされたと思って、毎日シャドウイングを続けてください。長時間やっても、あまり効果はありません。集中力が下がってしまいますから。せいぜい1日10分ぐらいでいいでしょう。ただし、やるときは気合を入れて、しっかり集中力を高めてやってください」

「分かりました。毎日、短時間でいいというのが、せめてもの救いですね」

指導記録

英語のシャドウイングは初めてのことで、思った以上にかなり苦戦の様子だった。しかし、初見の部分でも、全然情報が頭に残っていないというわけでもなく、自分からは聞いた情報を再生できなくても、質問の形で記憶の再生を助けてやると、「そういう言葉を聞いた」とか、「そんな意味のことを言っていたようだ」というように、思い出すことができる部分も少なくなかった。しかし、誤解も多く、情報を正確に把握していないことを示してい

た。まだ、慣れていないので集中力が足りないが、日々の練習で集中力を向上させ、リスニング力を改善することができると思う。また、このあとのスラッシュ情報処理の訓練を合わせれば、順送りの情報処理が可能になるものと思われる。

SESSION 4
情報の順送り理解
スラッシュ・リーディング

「佐藤さん、シャドウイングは続けていますか」
「はい、毎日やっています。最初に比べたら、ましにはなりましたけれど、原稿を見ずにぶっつけでやったものは、とぎれとぎれでせいぜい6割ぐらいしかできません。スピードがゆっくりで内容が分かりやすいものだと、たまに8割ぐらいできたかなと思うこともありますが。ユミコ先生はシャドウイングを続けたら聞き取りに効果があるとおっしゃっていましたが、いまいち実感がありません」
「そろそろ疑問が出てくるころですね。リスニングの訓練は成果があがるのにある程度時間がかかります。普通の訓練では最低3ヵ月待たないと変化は現れません。ここでやっている集中的な訓練でも、1ヵ月はかかります。たいていの人はその間が辛抱できず、途中で止めてしまうんです。本当にもったいない」
「それでは、僕の場合も効果はあるんでしょうか」
「もちろんですよ。土の中では球根が盛んに白い根を出しているから、やがて小さな芽が出てきますよ。私が言うのだから本当です」
「そうか、正直言ってちょっと手を抜いていたところもあったのですが、またがんばります」

文章を訳す

「今日の訓練は『情報の順送り理解』です。たしか、佐藤さんは英語を読むのはお得意でしたよね」
「得意ってことはないですが、聞くのに比べれば結構できると思います」
「それでは次の文章を訳してください」
【読者の皆さんもご一緒にどうぞ】
There are people who want to engage into the economic activities,

SESSION 4: 情報の順送り理解 / スラッシュ・リーディング

into the investment activities, that would make high profit from speculation.

*

「(ええっと、この speculation は投機だな。すると、この that の中身が前の activities に掛かるわけだから...)
経済活動や、投機から高い利益を生むような投資活動に参加したいと思う人たちがいます」
「今、この文章を訳すのに、あなたの目はどんな風に動きましたか。つまり、どういう順番で英文を追っていきましたか」
「最初は、初めから最後まで読んで、次は economic activities を見て、それと同格の investment activities を見たんですが、関係節が付いていたからそのなかの目的語の high profit を見て、さらに副詞句の from speculation から訳すのがよいと思ったんです」
「文法用語をよくご存知ですね。相当受験勉強をされたんですか」
「よくやりました。いまだに、懸垂分詞とか仮定法過去完了、鯨構文とか覚えていますよ」
「成績も良かったんでしょうね」
「はい、英語は得意でした。だいたい、どのテストでも80点から90点台でした」
「なるほど。先ほどの訳も立派なものです。ところで、あなたの作った日本文の主語と述語は何でしょう」
「主語は『人々』で、述語は『いる』です」
「では、この文章の伝えたい意味は「人々がいる」ということですか」
「いいえ、どういう人々かということで、そこにくっついている形容詞のほうが大事なんです。つまり、高い利益が上がる活動に参加したいと思うような人々」
「先ほどの和訳だと『人々がいる』という意味のほうが強くなりませんか」
「...そう言われても、英語をちゃんとした日本語にするときは、ああいう語順にするのが正しいと教わりましたけれど...」
「それでは、もう一文、訳してみてください」
【読者の皆さんもどうぞ】
I think the root cause of all these problems has something to do with the lack of adequate attention being paid to the earlier call, or earlier appeal, of the emerging economies for equitable distribution of op-

portunities, of resources, of efforts to equitably distribute the fruits of development.

＊

「これは長い文章ですね。えっと、どこまで行くんだろう。この attention を払っている先がこれで、この of は 3 個とも distribution に掛かるのか。その上、efforts にはまだ後ろに不定詞がくっついている。難解な文章だなあ...」

＊

［佐藤さんの訳］
　すべてこれらの問題の根本的な原因は、機会や資源や開発の成果を平等に分配するための努力を公平に分けることを求める新興経済諸国の、早い時期の呼びかけや訴えに対して適切な注意が払われなかったことと関係があると私は思います。

＊

「苦労されたようですね。難解な文章だと言っておられましたが、あなたの訳もずいぶん難しいですね。すうっと読んで意味が分かりますか」
「...元の文章が分かりにくいのですから、仕方がないのではありませんか。日本語の語順に直したら、こうなると思いますが...」
「しきりに難しいと言われますが、もしこの文章を音声で聞いたら、理解できると思いますか」
「いやあ、だめだと思います。読んでもこんなに大変なのだから」
「でもこれは、ディクテーションで使ったタイの外相スピーチ(p. 19)の続きなんですよ。私はとても分かりやすいスピーチだと思いますが、あなたはどうでしたか」
「確かにそうですね。ディクテーションもやりやすかった。しかし、こんな長い難しい文章を聞き取って理解するなんて不可能ですよ。なんか、絶望的だな」
「ちょっと、お疲れのようですね。すこし休憩しましょう」

─────── コーヒーブレイク ───────

「佐藤さんは文法用語をよくご存知ね。外国語を理解するためには文法の力が大切だけれど、その勉強のエネルギーをもうすこし実用的な訓練にまわせばよかったのに」

SESSION 4: 情報の順送り理解／スラッシュ・リーディング　　41

「なんとなく気の毒。とても律儀に日本語の語順に直して、英語はこのように理解するのが絶対に正しいと信じているのですから。完璧に訳せて、テストだったら〇をもらえるはずの和訳に、講師が『文意がずれている』だの、『分かりにくい』だの難癖をつけるので、不満そうですね」

「ここが、最大のネックかもしれない。逆に、上手に意識改革ができれば、伸びるきっかけがつかめるかもしれません」

「ふんばりどころですね」

頭から理解する

「佐藤さん、ここのコーヒーはお口に合いますか」

「はい。すごくおいしいです。僕はわりあいコーヒーにはうるさいほうで、いろいろな銘柄を集めているんですが、これは何か特殊なブレンドなんですか」

「リスニング・クリニック・スペシャル・ブレンドと言いましてね、これを飲むと聞き取りの感度が良くなるんです」

「えっ、ほんとですか。じゃあ、もう一杯いただこうかな」

「どうぞ。でも、飲みすぎておなかをこわさないようにね。さて、先ほどのセンテンスをもう一度おさらいしてみましょう。

＊

I think / the root cause of all these problems / has something to do with / the lack of adequate attention being paid / to the earlier call, / or earlier appeal, / of the emerging economies / for equitable distribution of opportunities, / of resources, / of efforts to equitably distribute / the fruits of development.

ところどころ、スラッシュが入っていますから、最初から順番にスラッシュで区切られたところだけを訳してみてください」

【読者の皆さんもやってみましょう】

「すごく細切れですね。

最初は『私は考える』でいいんですか。すると、『すべてこれらの問題の根本原因。関係がある。適切な注意がないこと。もっと早い呼びかけに対して。もっと早いアピールに対して。新興経済諸国の。公平な機会の分布のための。資源の。公平に分配するための努力の。開発の成果を』

ほんとうにこんなのでいいのですか」

「結構です。今、作った訳を読み返して、大体の意味が分かりますか」

「常識を働かして想像すれば、新興経済諸国が早くから公平な機会を分け与えてほしいといっていたのに無視していたからこうなった、と言いたいみたいですが」

「その通りです。あなたが先ほど作られた訳と比べてずっと、分かりやすいでしょう」

「まあ、そうですけれど。でも、これは僕が意味を想像して作った訳ですから、正しい訳とは言えません。第一、日本語と全然語順が違うのに、こんな頭から訳していくなんて乱暴な」

「佐藤さん、人の書いたものや話したことを読んだり聞いたりして理解をするのに、想像力を働かすのは当然ですよ。神様じゃないのですから、他人の心の中を見透かすことはできません。表現されたものを手がかりに相手の意図をつかもうとする。どこかの美しい女性に『あなたのことが好きです』と言われたら、その言葉をどう解釈するかはあなたの想像と判断力に委ねられているのです。コミュニケーションとはそういうものではありませんか」

「...理屈はそうかもしれませんが、英語を日本語に訳すときは語順が逆になるのが普通でしょう。そうでないと正しい訳にはなりません」

「先ほどの文章こそ、正しい日本語訳ということですね」

「...僕の訳語はあまり上手じゃないから自慢はできませんが、語順は正しいと思います。確かに分かりにくいけれど、元の文章が難解なのだから...」

「正しい語順や正しい訳とおっしゃいますが、そんなこと誰が決めるのでしょう。ましてやあなたは翻訳をしているのではないのですから、要するに、すばやく意味が分かればいいのでしょう。この文はちっとも難解ではありません。

I think / the root cause of all these problems / has something to do with

　私ね、思うんですよ / こういう問題すべての根本原因はね / なんか関係あるんじゃないかなあ

/ the lack of adequate attention being paid / to the earlier call, / or earlier appeal,

　適切な注意が払われてないってことと / つまり早くから要求してたでしょう / アピールっていうかな

/ of the emerging economies / for equitable distribution of opportunities, / of resources

新興経済諸国がね / 機会は公平に与えろって / 資源もそう
/ of efforts to equitably distribute / the fruits of development.
公平に分けるよう努力しろって / 開発の成果をね
こんな風に理解していくと少しも難しくないでしょう」
「確かにそうですね。でもこれはタイの外務大臣のスピーチなのだから、そういう口調は正しくないような気がしますけれど...」
「もう『正しい』かどうかはいいかげん忘れてください。要するに情報を取り込んだ順番に理解していくということなのです。この文章は紙に書かれていますから何度も読み返せますが、スピーチではどんどん消えていきます。
　I think と聞こえても何を思ったか分からないから、もうすこし待とう / the root cause of all these problems 根本原因がどうなのかよく分からないから、もうちょっと待とう / has something to do with 何と関係があるのかこの後に出てくるから待とう / the lack of adequate attention being paid 注意がないってなんのことか分からないから待とう / to the earlier call, / or earlier appeal, 何のアピールか分からないから待とう / of the emerging economies ああ、新興経済国のか、しかし何を求めてか分からないから待とう / for equitable distribution of opportunities, / of resources, / of efforts to equitably distribute / the fruits of development. やっと、終わったみたいだな。だけど、最初の部分は覚えてないよ。あっ、もう次の文章が始まっている。ちょっと待って。今の文章、解析してるんだから、何だっけ。わあ、頭の中がまっしろだあ...
　こんな状態になることはありませんか」
「...いやあ、まいりました。その通りなんです。聞いているときは分かったような気がするんですが、あとで思い出そうとするといくつかの単語が断片的に記憶に残っているだけで、何の話か全然分からないんです。待つからいけないんですね」
「そうです。書いた原稿を読む場合は別ですが、人間の話し言葉というのは、思考の流れに沿って付け加えや言い換えをしながら、どんどんつながっていくものです。終わりを待っていたら、いつになるか分かりません。いちいち文末で period と言ってくれるわけではありませんから」
「ハハハ、ほんとうにそうですね。でも、文頭から訳すとなると大変ですね」
「佐藤さん、聞き取りは理解をすることであって、和訳をすることではありません。分かればいいのです。そうか、そうか、なるほどって思えばいいの

です。書き取って和訳をつけてやっと分かるというのでは、内容のある英語のスピーチを理解できるようにはなりません。まだ、よく納得されていないみたいですから、いくつか練習問題を解いていただきましょう」
　【読者の皆さんも次の練習問題を解いてみましょう。日本語に翻訳するのが目的ではなく、自分の理解が積み上がっていくプロセスを確認するつもりで和訳をつけていきます】
　［練習問題 1］
　I am indeed very happy to be here today / on this occasion of the opening of our country's exhibition. / I am deeply grateful to JETRO / for all their assistance, / without which it would not have been possible / for us to hold this exhibition.
　［順送りの理解の例］
　今日はとてもうれしい / わが国の物産展がここで開かれて / JETRO（日本貿易振興会）には深く感謝している / 多くのご支援をいただいたことに / それがなかったら不可能だった / この物産展を開くのは

*

　［練習問題 2］（レッスン中に指導したタイ外相のスピーチの続き）
　I think there have been complaints / in various fora, / in the various south-south meeting group, / 9 group, the group of 77. / All those groups have been calling / for more equitable distribution / of resources, of income, / more equitable distribution of capital, of investments, / taking care of the problems of poverty, / problem of inefficiency in the distribution of wealth.
　注: fora（forum の複数形）: フォーラム、会議
　［順送りの理解の例］
　これまで不満があったと思う / いろんな会議の場で / さまざまな南側の諸国の会議や / 9ヵ国、77ヵ国の会議などで。/ これらすべてのグループは求めてきたんだ / もっと公平な分配を / 資源や所得の / 投資資本のもっと公平な分配を / そして貧困の問題を解決することを / 富の分配における効率性の悪さの問題解決を

*

　［練習問題 3］（タイ外相スピーチの続き）
　These things have been repeated in the past, / but I think it has not been responded to effectively in the past. / The end result is / what we

are facing now. / Those countries, / when they are being asked, or / being forced, / or being advised / to open up their market, / they are not prepared / and they are not effective enough / in the institutions to safeguard their economies.

［順送りの理解の例］
　こういうことはこれまでも繰り返されてきた / しかし効果的に対応されなかった、以前は / その結果が / 今目の前にある状態だ / これらの国々は / 要請される / あるいは無理やりに / または助言されて / 市場を開放することになるとき / 準備ができていない / 十分効果的でないのだ / その経済を守る体制において

＊

「いかがでしたか」
「練習問題１は簡単でした。でも、外相のスピーチは単語も難しいし、ちょっとてこずります。それに、なんでも頭から断片的に訳していくんじゃなくて、次の言葉との係わり合いをおさえていかなくては意味が理解できないでしょう」
「その通りです。すごいですね。よくお分かりです。ただの細切れ訳じゃないのですよ。英文の構造を相当しっかり把握しないとできないことなんです。言い換えれば、それができない人は、まとまった内容の英語を聞いて理解できるようにはならないということなんです」
「ただ、あの訳は気持ち悪いんですよね。なんか、子供みたいな幼稚な訳でしょう。もっときちんとしたものにしないと…」
「誰に聞かせるものでもないのだからいいんです。あなたの頭の整理のためなんだから。あなただって心の中で『きつーい先生だなあ』と思っていても、言葉に出すときは『厳しいご指導を感謝しております』という風におっしゃるでしょう」
「ええ、まあ。その、なんといったらよいのか…」
「最後に今日読む練習に使った部分のスピーチを音声で聞いてみましょう。できればテキストは見ずに、聞きながら順送り理解が積み上がっていくか、やってみましょう」
【CD No. 13。読者の皆さんもご一緒にどうぞ。ただし、練習問題１はCDに入っていません】

＊

「次回は音声を使った順送り理解のレッスンになります。『順送り理解のヒ

ント』というテキストを差し上げますから、家でよく練習してください。宿題の前半の英文にはスラッシュが入っていますが、残りは入っていません。どこでひとまとまりの意味をすくい取ればよいのかを考えながら自分でスラッシュを入れながらやってみてください。お疲れさまでした」

指導記録

　佐藤さんは学生時代、優等生で受験勉強にも熱心だった。英語は得意科目であり、他の科目より試験の成績は良かったという。そのため、文法の知識がきちんと身についていて、難しい単語をよく知っている。しかし、その後実用的な勉強をまったくしてこなかったために、彼の発想は受験生の域を出ていない。英語を理解するとはすなわち和訳をすることだと思い込んでいる。その和訳は、短文和訳問題の解答に見られる典型的な逆戻り展開の文章構造になっている。そういう順番で英文の情報を処理しているかぎり、けっして効率的に英文を読むことも聞くこともできないことを説明したところ、かなり納得した様子だった。練習問題もまずまずの出来であった。
　ただひとつ気になるのは、彼がここでまた新たな「和訳の仕方」を身につけようとしているのではないかということだ。「和訳をするのではなく理解をしてください」という指示がきちんと伝わっていないような気がする。たとえば、I think が出てくると必ず「私思いますに」と訳す。そうではなくて「こう思ったのか、そうか」と「理解」してほしいのだが、私の指導がまずいのか、最後まで腑に落ちない表情であった。
　今日は文章を使っての順送り理解の指導だったため、佐藤さんが慣れ親しんだ英文和訳のやり方との違いが際立ち、受け入れるのに抵抗が大きかったのかもしれない。次回は、音声を使っての指導なので、順送り理解の重要性がもっと深く理解できるだろう。
　自宅課題として、短文発音聞き取り課題と若干のディクテーション問題、順送り理解短文練習課題100問を出す。
　【読者の皆さんは、英字新聞などを利用して順送りの練習をしてください。リライトされたやさしい読み物でも中学校や高校の英語のテキストでも構いません】

SESSION 4: 情報の順送り理解/スラッシュ・リーディング

順送り理解のヒント

1. 和訳することが目的ではないことを肝に命じること。

たとえば They were disappointed / to find out that they didn't succeed. のような文ではまず「がっかりしたんだな」と受け止めて、「うまくいかなかったんだな」とつなげるが、それはあくまで理解のプロセスである。同時通訳のように実際に訳出することと混同してはならない。

2. 構文に引きずられず、柔軟に対応する。

英文和訳の習慣を捨て、意味を消化することに重点をおくようにする。たとえば、The new timetable allows us to go home at three. のような文なら、「新しい時間割は3時に帰ることを許してくれる」のような硬直的な日本語に置き換えて理解するのではなく「新しい時間割のおかげで3時に帰れる」I always have difficulty in explaining rules of Japanese tea ceremony in English. は「いつも苦労していてね、なにしろ日本の茶道のきまりを英語で説明するんだからね」と噛み砕いて理解するようにする。こちらのほうが人間の理解としてはずっと自然だ。「わたしは日本の茶道のきまりを英語で説明するにあたり、常に困難を覚えている」というような和訳は正しく文意を伝えていない。このように、英文和訳的に意味を組み立てないと理解できないと思い込んでいる限り、けっして英語の聞き取りができるようにはならない。

3. 関係代名詞も頭から理解する。

The book which I read yesterday was very interesting. は「私が昨日読んだ本はとても面白かった」よりも「私は昨日本を読んだが、その本はとてもおもしろかった」というふうに理解する。

He talked about the large slowdown in our GNP which resulted from a slowdown in productivity. は「彼は、生産性の低下から生じたGNPの大幅低下について話した」ではなくて「彼はGNPの大幅低下について話し、これは生産性の低下から生じたのだと言った」と途中で切って理解したほうが、情報処理の負担がずっと楽になる。

SESSION● 5
情報の順送り理解
スラッシュ・リスニング

音声を聞きながらの順送り理解

「佐藤さん、前回のリュウコ先生のレッスンで、順送りの理解とはどんなことか、少しはお分かりになりましたか。宿題は進みましたか」

「はい、インストラクション通りにやってみて、宿題はまずまずできたと思います。ただ、宿題は短文でしたから、それほど問題はなかったんですが、長文になったらどうなるのかと心配です。英語は、どうしても後ろから訳さないと、意味がつかめないような気がするんですよね。リュウコ先生のおっしゃったテンタティブに頭から理解していって、最後に全体の意味が分かるということが、今一つピンとこない気がしているんですが...」

「そうですか。では、今日は実際の会話やスピーチを聞いていただいて、順送りの理解を深めていただきましょう」

「はい、よろしくお願いいたします。なんだかちょっと不安ですが」

「では、私が、少しずつテープを流して、止めますから、切ったところで今聞いた部分に簡単な訳をつけてみてください。前回リュウコ先生と書かれた文章でおやりになったのを、今度は、音を聞いてやってみてくだされればいいのです。きちんとした通訳になっている必要はありません。佐藤さんの理解を助けるのが目的ですから。

最初はフィデリティ・インベストメントという会社の管理職の方のインタビューです。会社のことや、日本での経験を聞いています」

「その会社なら僕も知っています。有名ですよね」

「そう、金融は、佐藤さんの専門ですからね。金融界では有名な会社ですね。では、始めますよ」

【読者の皆さんは、CD No. 14 を一文ずつ切って訳してみましょう】

＊

Can you start by telling me what Fidelity Investments does?
「えーと、『フィデリティ・インベストメントが何をするのかを話すことで

始めてくれますか』ですか?」

「直訳するとそんな風になりますが、今の佐藤さんの日本語は、なんだか変じゃありませんか。つまり、何を聞いているのでしょう」

「つまり、『まず、最初にフィデリティって会社は何をする会社なのか、話してください』ってことだと思いますが」

「そうですね。意味を理解するというのは、そういうことではありませんか。つまり、英語でも何語でもそうですが、言語によっていろいろ表現方法が違いますから、まず、意味を理解する。そして、理解したことを自分の言葉で表現し直す時は、その言語の自然な表現に直す。そうすると理解が深まると思いませんか。変な直訳をすると逆に何を言っているのか分かりにくくなりませんか」

「確かに、そうですねえ。最初に英語のセンテンスを聞いたときは、はっきり意味が取れたのに、直訳を口に出したら、その自分の翻訳でかえって、なんか意味が分かりにくくなってしまいました」

「それこそ、愚の骨頂です。そんなことは絶対しないように。では、次です」

Sure. Fidelity Investments is the largest, privately owned mutual fund company in the world.

「Sure っていうのは、『もちろん』というぐらいの意味なんですよね。そのあとは、『フィデリティ・インベストメントは世界で最大の』、私的っていうのは変ですね、privately owned は、あっ、そうか『民間の』だ。『民間のミュチュアル・ファンド会社です』ってことですね」

「そうですね。では次」

The core part of our business is

「えっ、それだけですか。まだ、文章が終わっていませんけど」

「そうです。今の部分だけだと、何と言っていましたか」

「the core part of our business ですから、『わが社の仕事の核心部分は』ということでしょうか」

「そう、それでもいいですよ。次です」

researching companies all around the world

「『世界中の会社を研究すること』ですか?」

「続けてください」

and using that research to make investment decisions

「ああ、research はここでは『研究』でもいいかもしれないけど、『調査す

る』ってことですね。『その調査結果をもとに投資決定をする』と言っていますね」

　for our mutual fund portfolios or for our pension clients
「ああ、そうか。『ミュチュアル・ファンドのポートフォリオや年金機関投資家のための投資決定をするのに調査結果を使う』ってことですね」
「さすが金融のプロですね、佐藤さん。pension clients で『機関投資家である年金基金』であるということが分かるのは」
　We have $850 billion in assets under management and we employ 30,000 employees around the world.
「えっと、『運用資産が 8500 億ドルあって、世界中で 3 万人の従業員がいる』んですかね」
　And when was the company established?
「会社ができたのはいつですか」
　Fidelity is 53 years old. We were established in 1946. And the company is 30 years old in Japan. We're celebrating our 30th anniversary this year.
「『会社は 53 歳で、設立したのは、1946 年。そして、日本フィデリティは 30 歳で、今年 30 周年記念を祝う』ということですね」
「だいぶ、調子が出てきましたね。続けてください」
　We have been in Japan with our investment management team since 1969.
「『日本に運用チームを設けたのは 1969 年だ』ということでしょうか」
　The management team here has been made up of research analysts and portfolio managers, doing research and analysis on Japanese companies for use for our Japanese clients as well as our clients around the world.
「今のはちょっと長いですね。えーと、『運用チームはリサーチ・アナリストとポートフォリオ・マネージャーから成っていて、日本株の調査・分析をしている』と言っていたと思いますが、その後は、なんか、日本と世界のクライアントが何とかって...」
「for use for our Japanese clients as well as our clients around the world と言っていました」
「あ、そうか。日本と世界中のクライアントの、つまり、顧客のために分析結果を使うということですね」

SESSION 5: 情報の順送り理解/スラッシュ・リスニング

「話の中身が、ご自分の専門分野でよくお分かりなので、理解が早いし、聞いたこともすぐ忘れたりしませんね。ちょっと、ここで、テープを先に進めますね」

*

【読者の皆さんは、CD No. 15 を聞いてください】

Have you had any trouble with Japanese employees before, and if so, in what areas?

「『日本の従業員との間で何か問題があったことはあるか、あるとしたらどんな分野か』ですね」

We have had, I think, a very good experience overall, hiring within Japan. Initially it was difficult because people didn't know Fidelity Investments, and so we certainly had to hire... make some very good hires early on, and use those individuals to spread the word and to put us in touch with other talented people.

「えーと、『なんか、全体としてはよい経験』とか、『最初は何かが難しくて、ハイヤーが』どうとかしたとか、『タレント』がどうのって、言っていたようですね。ちょっと長くてついていけませんでしたが」

「そのようですね。『ハイヤー』ではなく、hire『雇う』という意味ですね。ここでは『雇い入れた人』という意味で使っているところもありましたけど」

「あー、そっちの hire ですね」

「今の部分には、難しい言葉は一つも出てきていないと思いますよ。talented people も英語では『タレント』じゃなくて、『有能な人』でしょう」

「そうでした。意味がよく取れなかったので、聞こえた音だけ耳に残って...」

「今のところ、もう一度短く区切って聞いてみましょう」

We have had, I think, a very good experience overall,
「全体としては良い経験をした」
hiring within Japan
「『日本で人を雇うことについては』ですね」
Initially it was difficult because people didn't know Fidelity Investments, and
「最初は難しかった、人々はフィデリティ・インベストメントを知らなかったから」
so we certainly had to hire... make some very good hires early on,

「『それで、最初はすごく良い人を雇わなくちゃならなかった』って言うんでしょうか」

and use those individuals to spread the word and

「あー、そうか。『そして、その雇った人たちを使って』、えーと、spread the word ってのは、なんて言ったらよいか、人に宣伝することですよね。だから、フィデリティのことを他の人にも宣伝してもらったんだ」

to put us in touch with other talented people.

「それは、『われわれを他の優秀な人材』と in touch with てのは、つまり、何と言うか、『接続する』じゃ変だし、『紹介してもらう』てことですかね」

「そういう表現でもかまいませんよ。これで、ここの部分の全体の意味は分かりましたね。では、次に進みます」

*

【読者の皆さんは、CD No. 16 を聞いてください】

Some of the challenges that we faced is that Fidelity operates very differently. Fidelity is a very entrepreneurial company. What we value are good ideas, good logic and the ability to execute very, very well. I think what we have found in Japan is, people are very good at execution. Once a plan is formed and a plan is laid out, people are very good at taking that plan and executing against that plan.

「また、ちょっと長いですね。うーん。チャレンジっていうんだから『われわれの直面したいくつかの課題は、フィデリティのオペレーションが違う』とか言ってましたよね。エントレプレニュウアというのは『企業家』のことですよね。それから、グッドアイディアにロジックとか、エクスキュートとかって。ちょっと分かんなくなっちゃいました」

「では、戻して、もう一度区切っていきますよ」

Some of the challenges that we faced is that Fidelity operates very differently.

「そこは、『いくつか課題があるけど、その一つは、フィデリティのやり方が他と違う』とかいうことのように思えるんですが」

「そうです、そうです。それで合ってますよ」

What we value are good ideas, good logic and the ability to execute very, very well.

「『われわれが』うーん。value を動詞で使ってますよね。『われわれが大事

SESSION 5: 情報の順送り理解／スラッシュ・リスニング

にしているのはよいアイデア、よいロジックだから論理』かな、それと『すごくうまく execute する能力』ああ、『すぐれた実行力のこと』だ」
　I think what we have found in Japan is, people are very good at execution.
　「『日本では人々はすぐれた実行力がある』ということですね」
　Once a plan is formed and a plan is laid out, people are very good at taking that plan and executing against that plan.
　「『プランを立てて、そのプランが示されると、そのプランに従って実行するのは非常にうまい』ってことですね。これで言っていることがよく分かりました」
　「今の部分とその前の部分には、知らない言葉は、結局ほとんどなかったですよね。しかも、最初の部分のような金融用語など特殊な言葉もありませんでしたが、なぜ、1回聞いただけでは、意味が追えなかったのでしょうね」
　「だから、短く切って言ってくれれば、分かるんですよ。でも、長くなると、全部おぼえていられないっていうか、聞き始めは、簡単な文章だと思いましたし、一つ一つの言葉も分からなくはなかったんですが、何か、こう聞いているうちに意味があいまいになっちゃって、しまいには全然分からなくなっちゃったんですよね。たぶん、これが、リュウコ先生がおっしゃってた、順送りの情報処理がさっさとできない状態っていうんでしょうか」
　「良い点に気づきましたね。それなんです。分かると思ってボーっと聞いていて、そこにちょっと hiring within Japan というように、耳慣れない言葉の使い方がでてくると、そこで、はてなと思っているうちに、注意が散漫になる。そして、単語だけは聞こえるけど、趣旨が追えないという状態に陥るわけですね」
　「そうか、だから、注意を集中して、その順送りの理解をスピードアップしなくちゃならないわけだ。とはいっても、それが、できていないわけで、どうしたらできるようになるんでしょうか」
　「それは、まず、発想の転換が第一です。日本語では、それができているはずですから、英語でもできないことはないはずですね」
　「そうか。僕だって、日本語ではそれができているわけですよね」
　「そうですよ。まず、そう考えること。そして、英語を聞いても、自然に自分の頭がそのように動くまで、頭の使い方の練習をすればいいわけです」
　「しかし、それは言うは易しなんじゃないでしょうか」
　「そう言っているだけでは、進歩はありませんから、練習あるのみですね。

今のテープは、ご自宅でも順送りの理解の練習ができるようポーズを入れて録音したのがありますから、後で、ご自分で練習をしてください。今度は、もう一本のスピーチのテープをやってみましょう。本格的な順送りの練習になります」
「あのー、休憩はないんで...」
「そうですね。ちょっとお疲れですよね。ちょっと休みましょうか」
「ありがとうございます。ところで、今日はリュウコ先生は?」
「心配なさらずとも、ちゃんと、おいでになりますよ。リュウコ先生は、テレパシーで佐藤さんの心が読めますから、いつもの当クリニック特別ブレンドのコーヒーを沸かしてくださっているでしょう。どうぞ」
「すみません。ところで、こんなことうかがっては失礼かもしれませんが、先生方はいったいどういう方々なんですか」
「どういうって...?」
「つまり、何か特別なことをしていらっしゃるんじゃないんですか。なんか、こう、すごく皆さんの活動が秘密めいているし、こんなすごい研究室で、私一人に英語のリスニング教室をやってくださっているってのは、どうも、ただの通訳とは思えないというか」
「まー、それは、このプロジェクトはある研究の一環ではありますけど」
「えっ、それって、どんな研究なんですか。こんなすごい施設の維持費だけでも大変なんじゃありませんか」
「えー、まー、それは、コミュニケーションの研究なんですけど」
「コミュニケーション? で、僕がモルモットってわけですか」
「モルモットにされるのは、いやですか」
「いいえ、もし、そうなら光栄ですけど、どんなプロジェクトなんですか。僕がお役にたっているなら、詳しく知りたいな」
「そのうち、お話するチャンスもあるかもしれませんが、今はちょっと、いろいろありますから。とにかく、コーヒーが入っているようですから、新しいうちに召し上がったほうがおいしいですよ」
「コーヒーより、何か、今の先生のお話の方が、気になるなー」
「ユミコ先生!! ちょっと、すみませんが」
「あっ、はい、リュウコ先生、今すぐ。佐藤さん、ちょっと失礼しますね」
「なんだか逃げられたみたいだな。リュウコ先生ってのはホントにテレパシーが効くんじゃないかな」

SESSION 5: 情報の順送り理解／スラッシュ・リスニング

コーヒーブレイク

「リュウコ先生、助かりました。もう少しで深みにはまるところでしたから」
「ホント、気をつけないと」
「ところで、今の佐藤さんのレッスンの様子はどう思われましたか」
「ええ。佐藤さんは、英語の順送りの理解ができていないという点では、典型的な日本人ですね。でも、前回私が言ったことを、少しずつ納得してきた様子ですから、訓練次第で、割と早く、順送りの理解ができるようになるかもしれませんね」
「そうですね。順送りのリスニング・テープで、文字を離れて理解を進める訓練を積んだら、例の後ろから逆に訳さなければ分からないという癖は直るんじゃないでしょうか」
「そうですよ。それに、今日は、発想の転換についても、なにか感動したような口ぶりでしたよね。日本語では自分にもできてるんだって。それが、実は一番重要なことかもしれませんよ」
「そう。何事も、発想を転換したら進歩は早いですものね。それが、今日の佐藤さんの最大の収穫かもしれませんね」
「後は、継続ですね。すぐ、疲れた顔をして、音を上げるところがありますから、しめてからかないと」
「ほんと、私のパソコンみたい」
「なんですか、それ」
「最近、薄型で小型のパソコンを買ったのですが、すぐ熱くなっちゃって、くたびれちゃうんです。私より先にダウンして、『不正処理したので、強制終了します』って表示がすぐ出るんです。何言ってんのよ、不正処理なんかしてないぞって言ってやるんですけど。相手がパソコンじゃね」
「ははは、それは、ユミコ先生がパソコンを酷使しすぎてるんじゃないんですか」
「そんなこと、ありませんよ。人間より先にばてるパソコンなんて許されると思いますか」
「はい、はい。分かりました。ご言い分はごもっとも。これじゃ、佐藤さんもお気の毒ね。疲れて休憩を要求するのも、無理ないわ」
「どうせ、そうです。では、あとは、リュウコ先生にバトンタッチしますから、スピーチの方の、スラッシュ・リスニングをさせてください」

「合点、承知です。これで順送りの理解の訓練方法にはだいぶ慣れるでしょうから、あとは自宅でもできるよう、いつものように宿題も出しておきます」

指導記録

　今日は、佐藤さんに、順送りの理解のためのスラッシュ・リスニング、すなわち、聞いた部分を頭から情報処理していく英語の文章の聞き方を練習させた。前回のスラッシュ・リーディングと同様の目的を持つが、リーディングのように文字に頼るわけにはいかないので、後ろから逆にさかのぼっての訳出もならず、佐藤さんのような人には、強制的順送りの理解の訓練には役立つと思う。リュウコ先生が使用した今日の2本目のスピーチテープは日米関係でかなり中身が濃い内容だったが、徐々に訳出のために与える時間を短縮し、順送りの理解を半強制的にスピードアップして行ったところ、まずまずのパフォーマンスだった。コツをつかみはじめた様子なので、さらに訓練をつづければ、力がつくと期待している。

　この後は、中間講師コンファランスで、これまでの進捗状況を評価した上で、スピード・リーディング、リスニング・サマリーと今後の勉強の継続のし方を教授しなくてはならないだろう。なにしろ、「継続は力」であるから、われわれのプロジェクトが終了した後も、本人が自分で勉強するよう動機づけをしてやらなければならない。

Doctors' Conference
中間会議

院長：　さて、リュウコ先生、ユミコ先生、佐藤さんの進捗状況はどうですか。

リュウコ：　はい、院長、途中で音を上げるのではと、ちょっと心配しましたが、まずまずの進歩が見えてきています。ユミコ先生の最初の音声レッスンで、まず、目を覚まされたようで、以来、私たちのやり方をかなり信頼してくださるようになったようです。ちょっと頑固ですが、これまでのところ大量の宿題も、一応素直にこなしています。だいたいが、日本では中学で最初に英語を習い始める段階で音声学の基礎を教えるべきでしたね。

ユミコ：　そうですよ。それに、佐藤さんは、仕事をしながらですから、大変だとは思いますが、やはり、やる時は、集中してやってもらわないと成果があがりません。家では毎晩テープを聞きながら、最低2時間は勉強しているそうです。ね、リュウコ先生。

リュウコ：　ええ、そうおっしゃってましたね。昨今は、サラリーマンも自己責任が厳しく問われるようになり、定年まで安泰という時代ではなくなりましたから、佐藤さんも真剣ですね。それに、佐藤さんが熱心に英語を勉強するのを見て、お子さんと奥さんの見る目が変わったような気がする、尊敬の眼差しを感じるって言ってましたよ。思わぬ派生効果に、うれしそうでした。

院長：　そうですか。それは何よりです。私たちの最終目標に近づくという点からも、それは重要な意味があることです。今の日本では、まず家庭の中からコミュニケーションを円滑にする必要がありますし、夫や父親のがんばる姿を見せるだけで、それだけの効果があるわけですから、そこから、よいコミュニケーションが始まって、言語コミュニケーションの大切さが分かるといいですね。それで、英語の学習に関する意識改革も進んでいるでしょうか。

リュウコ：　それは、徐々にですが、浸透し始めていると思います。英語も、

学校で習ったように後ろからひっくり返して理解しようというのでは、とても理解できないということが分かってきたようです。

アキラ：　そういう風に意識が変わってくれば、われわれの目標の第一は達成したようなものですよ。これまでの英語教育のやり方では、おおかたが昔の漢文解釈と同じですからね。

ユミコ：　ホント、英語の漢文解釈ね。アキラ先生のその表現はいいですね。

アキラ：　まじめな話、僕は日本のこれまでの英語教育は、昔の漢文教育に影響されたんだと思いますよ。返り点をつけて漢文を解釈するという方法は、ある意味では天才的な学習方法だったと思いますが、話し言葉の学習には、マイナス効果もあったのではないでしょうか。その方法をあまりにも長年つづけてきたものだから、誰も疑問すら持たなかった。日本人の頭をこの方法から解放しなければ、いつまでたっても、5年も6年、いや10年以上も苦労して勉強しながら、世界で英語が一番へたくそであるというレッテルは返上できませんよ。

リュウコ：　佐藤さんは、そういう教育を受けた日本人の典型です。彼のような人がわれわれのやり方で成果をあげれば、われわれの教育方法の効果が証明されることになりますから、私たちも力が入りますね。

アキラ：　そうですよ。しかし、この間、ある会議で、ある有名大学の先生が、エリートだけに英語教育をすればよいというのを聞いてびっくりしました。確かに、今は、まだ英語なんて分からなくても一生困らないという人が大半かもしれませんが、アジア各国でも英語で直接世界中の人々とコミュニケーションできる人が増えています。つい数年前には国際会議に出てきても、ほとんど英語が通じなかったベトナムの人なども、あっという間に大変英語が上手になっていて、驚かされます。いろいろな国の人が集まる場所では、なんといっても英語が意思疎通の手段ですし、最近はインターネットも普及している。その中で、日本人はというと、パーティなどでも、だいたい自分たちだけで固まってしまって、なかなか積極的に交流ができないのが、現状です。最近はTOEFLの試験でも世界で最低に近い結果しか出していません。今のところは日本はアジアのリーダーを自負しておられますが、世界の同胞とコミュニケーションができないのでは、リーダーの自負どころではなくなります。

ユミコ：　アキラ先生のおっしゃる通りですわ。でも、最近では、英語を第2公用語にしろなんて勧告も出て来たりして、ちょっと驚きです。第2公用語にするか、しないかの問題ではないんじゃないでしょうか。第2公用語

として宣言すれば、全ての政府文書など、日英両語で発表されたりするから、それで、みんな英語ができるようになるとでも言うんでしょうか。そんなことにしなくたって、ちゃんと外国人と意思疎通ができる英語教育が行われている国はたくさんありますよ。そもそも何のための英語教育かが問題なんであって、頭の切り替えが必要なんです。それなのに...

アキラ： ユミコ先生、熱意は分かりますが、まあ、そう興奮せずに。いろいろ考えられているわけですから。その努力は評価しないと。

ユミコ： でもね、アキラ先生...

アキラ： 僕は、別に...院長、何とか言ってください。ユミコ先生は、この話になるといつもこうなんですから、まいっちゃうなー。

院長： ユミコ先生、その議論はまた後で。あなたは、見かけによらず、熱血漢で、特に、この議論になるとすぐ興奮する傾向がありますが、われわれの意見にそう違いはないわけですから、落ち着いて。それに、つい先日のニュースでも、今年の4月からは、小学校で独自に英会話のクラスを設けてもよいことになったと言っていました。もちろん、誰がどのように教えるかが重要な問題ですが、ひとまず状況は動き出したと見てよいのではないでしょうか。段々と状況が改善されることを祈って、われわれの仕事を着々と進めましょう。

ユミコ： それは、そうなんですが、私はやっぱり日本の英語教育が、もどかしくてしかたがないもんですから。だってそうでしょう。英語教育の改革は何十年も前から叫ばれてきたんですもの。それなのに、いっこうに変わってないんですから。

アキラ： このごろは、そう捨てたものでもありませんよ。社会の方が変わってきていますから。企業の中には、課長職以上への昇進には、英語力を条件とする、TOEICで750点以上でないと、昇進させないなんてところも出てきましたし、制度の改革はいつも社会の変化に先取りされますから、これからは大きく変わるのではないでしょうか。

リュウコ： それに、つい先日の報道でも、2006年から大学センター試験にもヒヤリングテストが入るとありましたから、少しずつでも、変化は加速されるかもしれませんよ。

ユミコ： そう願いますわ。インターネットの普及やIT革命が進んで、世界の情報にアクセスできるかどうかで、貧富の格差ができてしまうというデジタル・デバイドということも問題にされていますからね。それにつけても、英語教育は単なる英語力の問題ではありません。やはり、global 市

民としてのコミュニケーション・スキルの向上と密接に関係する問題でもあるということを理解してもらうため、私たちも啓蒙活動に力を入れなくてはなりませんね。

院長： おっしゃる通りです。それがわれわれの最終目標ですからね。ところで、佐藤さんのレッスンを続ける上では、何か問題点はありませんか、リュウコ先生。

リュウコ： 実は、院長、佐藤さんは、かなりわれわれが何者であるかに興味を持った様子で、この間はいろいろ質問攻めにあって、ユミコ先生が苦労なさってました。

ユミコ： そう、危ういところでした。われわれの GNCP のことは秘密ですものね。佐藤さんには、最初にいっさい余計な質問には答えないと言っておいたんじゃなかったかしら。私としたことが、突然足をすくわれて、あわててしまいました。

院長： それは、十分気をつけないと。でもへたにはぐらかすと、かえって不信感を与えてよくありませんね。佐藤さんは信頼できる方ですから、ある程度お話をしてもいいでしょう。最後の総合評価のセッションで、私の方からご説明することにしましょう。

リュウコ： 私もそれがいいと思います。佐藤さんにはそう申し上げておきましょう。「計画は密なるをもってよしとす」といいますから、何でもかんでも明らかにするというわけにはいきませんが、信頼構築にはやはり、きちんとした情報開示が最善の手段ですね。で、佐藤さんの授業の進捗ですが、次回からはラピッド・リーディング、そのあとサマリーのレッスンを予定しています。佐藤さんは、まじめを絵に描いたような人というか、頭が硬いというか。それに恥をかきたくないという意識が強くて、間違えを恐れている感じがします。どんどん自由に発想し、発言できれば、進歩も早いのではないかと思うことがあります。何か、その点で良いアイデアはないでしょうか。

院長： そういう人は何かで殻を破らせることが必要でしょう。とても恥ずかしくてできないと考えているようなことをちょっとやらせたらいいのではないでしょうか。

ユミコ： 例えば、どんなことですか。

院長： 笑いの練習というのはどうかしら。

リュウコ： 笑いの練習というのは？

院長： ただ大声を出して、笑うんです。アッハッハ、アッハッハってね。

リュウコ： 何もおかしくないのにですか。ちょっと恥ずかしくてできないんじゃありませんか、それは。
院長： だから、やるんです。最初は、ばかばかしいとか、みっともないとか、イヤだなあと思うでしょう。しかし、先生方がお手本を示したらいいんですよ。殻を破れること間違いなしですよ。
リュウコ： えー、私たちがお手本を示すんですか。
院長： そうですよ。世のため、人のためです。それに笑いは健康に非常によいということも最近では科学的に証明されてきていますよ。
ユミコ： 院長のアドバイスを求めたのは、やぶへびでした。
院長： 私の言うことを信用していないんですね。
ユミコ： いえ、そんなことはありませんが。
院長： では、私の言う通りにおやりなさい。
ユミコ： 院長命令ですね。リュウコ先生、覚悟を決めるよりしかたないですかね。
リュウコ： そのようですね。でも、笑いの練習のお手本は、ユミコ先生にお任せしますわ。
ユミコ： それは、ずるーい！

SESSION 6
ラピッド・リーディング

実用的な英語力をつけるには

「佐藤さん、訓練も後半に入ってきましたが、シャドウイングや順送り理解、スラッシュ・リスニングの課題は十分こなせていますか」

「はい...あ、いいえ。一応、宿題に出たものは全部やっているんですが、自分としてはもう少し時間をかけて丁寧にやりたいのに、量が多いのでどれも中途半端な気がするんです。単語帳もずいぶんたまったので、パソコンで並べ替えをしようと思うんですが、どういう分類がいいんでしょうか。政治とか経済とか分野別がいいですかね。それとも、単純にアルファベット順がいいかな。順送り理解も先生のようにばっちりと決まった訳がでなくて、いつもずるずるした日本語にしかならないし...スラッシュ・リスニングも...」

「もういいです。どうも、まだ根本的なところがご理解いただけてないようですね」

「はあ？ 何かいけないことでも言いましたか。僕としてはまじめに一生懸命やっているつもりですけれど。宿題もみんなこなしているし。なんか、心外だな」

「すみません。不愉快な思いをさせるつもりはなかったんですが、佐藤さんの力を最大限に伸ばすには、語学の訓練に対する姿勢を変える必要があると思ったものですから」

「どういうことですか」

「ひとことで言えば、几帳面すぎるのです。受験エリートで育ってこられたから無理もないのですが、ほんの数行の難解な文章を一時間かけて解析し、完璧に訳すとか、100問の単語テストでスペルミスのない正解を何割出せるかという課題に対しては非常に力を発揮されます。しかし、実用的な英語力を身につけるには、精読的アプローチも大切ですが、それ以上に多読、濫読的取り組みが必要です。大量に読んだり、聞いたりしないとだめなんです」

SESSION 6: ラピッド・リーディング

「浴びるように聞くということですね。家にいるときは英語のラジオをつけっぱなしにしようかな」

「そうではないんです。意味を理解しようという努力がなければ、英語もただのバックグラウンドミュージックに過ぎません。意識的に、かつ細部にこだわらず、重要なポイントを押さえることを学ぶんです。仮に外資系企業への就職が決まったとして、『これに目を通して明日の朝、君の意見を聞かせてほしい』と分厚い英文の資料を手渡されたらどうしますか。一対一の指示ならともかく、外国人の営業報告を聞いた後で、数名でディスカッションをする、あるいは、上司の家で開かれるパーティの席で、最近の EU の動きについて誰かがとうとうとしゃべりだしたらどうしますか。きっと知らない単語も山のように出てきますよ」

「...それは無理だなあ。単語が分からなければねえ...」

「じゃあ、この世のすべての単語を覚えられるようになるまで、英語はあきらめますか」

「...いやあ、それはできないですよ。ああ、それに、僕よりずっと英語の成績が悪かったのに、会話はうまいっていう連中いますよ。あいつら、そんなに英語の単語を勉強したとは思えないしなあ」

「佐藤さん、自信を持ってください。あなたにはとてもきちんとした英語の知識が身についています。それを実用的な力に結びつけるには、今詰まっている回路をちょいと通してやればいいのです。これまでの訓練で、さびが取れてきたはずですから、もうちょっとですよ。でもここで、もう一度、なんでも完璧にやらなきゃ気がすまないという性格は、実用的な英語の習得にはマイナスになることを肝に銘じてください」

「分かりました」

ラピッド・リーディング（新聞記事）

「今日の訓練は速読です。早く読むのが課題です。佐藤さんにとっては『いいかげんに』読む訓練ということかもしれません」

「大事なところをつかむ訓練でしょう。そう、いじめないでください」

「ウフフ、佐藤さんっていじめがいがあるからね。あ、冗談ですよ。では、次の文章を読んでください。あえて前もって単語のおさらいはしません。文脈の中で類推してください。たとえば、up, down, in, out のような前置詞とセットで出てくる動詞は、知らなくても前置詞の意味だけで類推できるは

ずです。時間は4分30秒です」
【読者の皆さんも時間を計りながら、一緒に読みましょう】

*

2000年2月28日付 *The Japan Times*（共同通信）
Oil drilling talks with Saudi Arabia collapse

International Trade and Industry Minister Tadashi Fukaya said Sunday that talks between Arabian Oil Co., Japan's biggest oil producer, and Saudi Arabia over renewal of the firm's oil drilling rights have broken down.

"I don't know if the talks were suspended or if the two parties failed to reach an agreement in the end, but the negotiations are over," Fukaya told reporters in Toyama, Toyama Prefecture. "I'm a bit concerned."

The breakdown of the negotiations has made it almost certain that the Tokyo-based company will lose its oil drilling rights in Saudi Arabia when the contract expires there at midnight Sunday.

The loss of the Saudi drilling rights is expected to halve Arabian Oil's sales. In addition, half of its local assets would be taken over by Saudi Arabia.

Fukaya said he received a briefing from Keiichi Konaga, president of Arabian Oil, who has departed for Japan after rushing to Saudi Arabia for last-minute negotiations with government officials to get the company's oil drilling rights renewed.

Konaga was expected to brief the ministry on the negotiations upon his return to Japan on Sunday night.

Negotiations on Arabian Oil's drilling rights in the Khafji oil field off the former neutral zone between Saudi Arabia and Kuwait became bogged down as Japan rejected Saudi Arabia's demand that it construct an industrial railway in the kingdom as a condition for the renewal.

Japan instead offered an economic cooperation package worth ¥800 billion, including loans to cover 70 percent of the cost of the railway project, but the Saudi Arabian government rejected that.

Sources close to the situation said Konaga indicated in the latest negotiations that Japan would give Saudi Arabia $600 million to $700

million for the $2 billion railway project.
　Arabian Oil still has drilling operation rights under a contract with Kuwait. The rights which apply to the Kuwait-controlled portion of the oil field, expire in January 2003.

*

「はい、時間になりました。全部読めましたか」
「一応最後まで目を走らせることはできました。後半はちょっと焦ったので、自信がありません」
「では、どんな話が書いてあったかを教えてください」
「これはアラビア石油が石油の採掘権の更新をしようとして、サウジアラビア側と交渉していたんだけれども決裂したというニュースです。これで、アラビア石油の販売量は減るし、現地の資産も失うことになるってことと、そもそもサウジアラビア側が鉄道の建設をしてくれと要求して、日本がその条件を断ったからこういう事態になったということですね」
「どこの油田の話ですか」
「カフジ油田です」
「日本は全く譲歩しなかったんですか」
「いいえ、ある程度お金を出すって言ったんじゃないかなあ。結構な額だと思ったけれど」
「決裂したと誰が伝えたんですか」
「深谷通産大臣が、アラ石の社長から報告を受けて発表したんです」
「これでアラ石の採掘は終わりになるんですか」
「いいえ、クウェートが残っているはずです」
「佐藤さん、よく取れていますね。なにか、分からない単語はありましたか」
「7つ目のパラグラフの bog down は知らない単語です。でも、先生が、up や down が手がかりになるとおっしゃったので、たぶんだめになったってことだなと想像したんです。もうひとつ全然分からなかったのは4つ目のパラグラフに出てきた halve という動詞です。『採掘権を失うと、アラ石の売上げが halve になって、現地の資産の半分がサウジアラビアに持ってかれる』と書いてありますが、アレ、これ今気がついたんですが、halve って half の動詞形ですか？」
「そうですよ。見たことありませんか」
「はい。『試験によく出る英単語』にはなかったような気がするなあ。この

記事は、日本語の新聞を読んでいましたから、読みやすかったです」
「それが大切なんですよ。知識があると理解力が違うのです。早く読めるので取り込める情報も英語の文章も多くなるんです。最初はぜひ、よく知っているものから始めるといいですよ。続けて次の課題をやりましょう。今度はモザンビークの洪水の話です。ご存知ですか」
「話には聞いていますが、あまりよく知りません」
「災害や事故の記事も早く読む練習に適しています。文章が短く話が具体的だからです。知らない単語があっても想像できると思いますが、見慣れない地名が出てくるので、押さえておきましょう。人の名前は無視してください」

  Limpopo　River　川の名前
  Chokwe　町の名前
  Maputo　モザンビークの首都

【実際に佐藤さんにやってもらったのはこれより長いのですが、読者の皆さんは次の文章を3分20秒で読むようにしてください】

*

2000年3月1日付 *The Japan Times*
Thousands die in Mozambique floods
About 200,000 left homeless; more deaths expected from water-borne diseases

 MAPUTO (AP) — Rescuers plucked thousands of people from trees and rooftops Monday, but many others were left behind and forced to spend another night on precarious perches above rising floodwaters in Mozambique. Officials said thousands died in the deluge.

 Maj. Louis Kirsten, a spokesman for the South African military, said helicopters rescued more than 3,000 people Monday, including everyone in immediate danger along a particularly hard-hit area along the Limpopo River.

 But Michele Quintaglie, a spokeswoman for the U.N. World Food Program, said thousands more were still at risk.

 "We're a long way from being able to rescue everybody," Quintaglie said.

 While there was no precise death toll, Quintaglie said it was certain that the number of dead was in the thousands. Other aid workers said the toll would continue to climb, especially as people begin dying of

SESSION 6: ラピッド・リーディング

water-borne diseases over the next few weeks.

The Mozambican government estimates more than 200,000 people have been left homeless since torrential rains hit the impoverished African nation three weeks ago.

South Africa said it would send three more military helicopters Monday to join the five already in operation. Even with the new aircraft, it could take days to rescue everyone.

"Not by a long shot is this over. It seems like the water is still rising," Quintaglie said.

*

「いかがですか」

「大変なことですね。死者の数がどんどん増えていって、もう分からないらしいですよ。3週間前から豪雨が続いていて、モザンビークのある町では、ものすごい被害が出ているんです。たくさんの人も亡くなったし、家が流されて、たしか20万人ぐらいかな、ホームレスになったそうです。みんな木につかまったり屋根に登って母親なんかは子供を背負ったまま、ずっと救援を待っているようなんです。それから南アフリカからはヘリコプターが、あと3機追加されて全部で8機になるんだったかな。とにかくフル活動しているんですけれど、間に合わないんです。ある村なんかね、両サイドの道が無くなってしまって完全に孤立してるんですよ。これから心配されるのが伝染病でね。政府や国連が動いているんですが、全然手が足りない。本当にどうしようもないんです。隣のジンバブエもダムが決壊して、そこから水が流れてくるそうです。もっと被害が増えるといってます。これなんとかならないんでしょうか」

「佐藤さん、すばらしいですね」

「はあ？ そうですか」

「ええ、あなたがお話しになるのを見ていましたが、ほんとうに表情が生き生きとしていて、このニュースを自分のものとして受け止めているのがよく分かりました。今、あなたは英語の勉強をしたのではなく、純粋に興味のある情報を英語で受け取ったんです。あなたに必要な突破口はそこにあるのです。単語を知っているとかいないとか、そういう瑣末なことではなく、英語を介して知識を吸収したいという知的興味こそが本当の力を培ってくれるのです。それが身につけば、放っておいても英語を聞いたり読んだりするようになるでしょう。もう先生は要らなくなるのです」

「...確かにそうかもしれません。今の記事は本当に大変な事態だと思ったものですから、次を早く読みたくてたまりませんでした」

「分からない表現はありませんでしたか」

「いっぱいありました。最初の文の plucked thousands of people from trees の pluck は知らない単語ですが、from trees があったので、「木の上から数千人を助けた」という意味かなと思ったんですが」

「pluck は引き剥がすという意味ですが、ここではあなたのおっしゃる通りです」

「precarious perch や deluge も分かりませんでした」

「precarious は不安定な、perch は止まり木という意味です。屋根の上などで落ち着かない夜を過ごしたということです。deluge は大洪水という単語です」

「もうひとつ最後の文に出てきた Not by a long shot is this over. が分かりません」

「これは by a long shot という口語表現で、圧倒的にとか、はるかにという強調語ですから、これだけポンと抜いて、Not is this over. だけ考えればいいんです」

「倒置構文だな。This is over. に not がついているんだから、これは終わっていない。次の文章が『水かさはまだ増えている』だから、そうか『これで終わりなんて、とんでもない』という感じでしょうか」

「そうそう、そういう感じです。やっと『正しい訳をつけなければ』という呪縛から解放されたみたいですね」

「なんとなく分かってきました。要するにフィーリングなんだなあ」

「その調子、その調子。では少し休憩を取って、いくつか課題をやっていただきましょう」

コーヒーブレイク

「佐藤さんご機嫌みたいね」

「ユミコ先生もご覧になっていたでしょう。能動的に情報を取り込むということがやっと体得できてきたみたい」

「もともと聡明な人だから、納得すれば進歩は早いでしょうね」

「語学の力を伸ばすのにはある程度時間がかかるけれど、基本的なアプローチを身につけているのと、そうでない場合では成果の上がり方に雲泥の差が

出ますからね」
「世の中には、無駄な努力をしている人がいっぱいいらっしゃいますもの。たくさんのクライアントを引き受けることはできないけれど、せめて基本的な姿勢だけでも多くの人に伝えられるといいんだけれどね」
「何か方法はあるかもしれない。今度アキコ院長に相談してみましょうか」

ラピッド・リーディング(スピーチの原稿)

「佐藤さん、後半は、新聞の記事ではなくスピーチの原稿を使います。先ほど、新聞記事を読んだときは、目の動きはあまりいったり来たりしていなかったようですが、文章を頭から追っていけましたか」
「だいたいできたと思います。ただ、新しい情報に出会ったときに、さっきの情報とどう違うのか確認するために時々もとの文に戻ったことはあります」
「そうですか。文章を読んでいるのですから、それは自然なことですね。しかし今度はスピーチの原稿です。目から情報を取り入れますが、耳で聞いているつもりで、けっして前には戻らないでください。音声はどんどん流れていくものだからです」
「それはそうですね。分かりました」
「これはアメリカのフォーリー駐日大使が最近沖縄でされたスピーチの一部です。フォーリー大使が以前、アメリカ連邦議会の下院議長だったことはご存知ですね。特に時間は切りませんので、ああそうなの、へえーっと感心したり楽しんだりして読んでください」
【読者の皆さんもどうぞ。制限時間を設ける必要はありませんが、できれば時間を計ってみましょう。読み終わったら記憶に残ったことを簡単に書き留めてください】

*

Long before I became American Ambassador to Japan, while still a member of the Congress, I actively supported programs whose objective was to strengthen and deepen mutual cultural understanding between Americans and citizens of other nations. I myself was particularly active in the U.S.-Japan Parliamentary Exchange Program which continues to bring American legislators to Japan, and Japanese Diet members to the United States.

Since arriving in Tokyo, I have taken a keen interest in any programs that focus on exchanges between the United States and Japan. I placed particular emphasis on making certain that Okinawa gets a greater share of such activities. For example, my government has given a grant to the Youth for Understanding organization to expand Japan-U.S. Friendship Scholars Program in Okinawa.

This program brings American high-school students to Japan for six weeks every summer. These students live with Japanese families and attend Japanese high schools. The additional funds that we have recently raised have allowed 25 young Americans to spend a summer on Okinawa. I want to sincerely thank the families on Okinawa that have opened their homes and welcomed these young Americans every summer. There isn't a better way to increase young Americans' understanding of the Okinawan people and their culture, than to live here in Okinawa, share daily life with an Okinawan family, and attend schools with Okinawans.

【佐藤さんはおよそ2分で読み終わりました。読者の皆さんは何分かかりましたか。CD No. 17 にはこの部分の音声が入っていますので、あとで聞いてみましょう】

*

「どんなことを言ってましたか」

「フォーリーさんが駐日大使になる前、アメリカの議員をしていた頃、アメリカと外国の人的交流に興味があった。日本とアメリカの、えっと、学生交流の協会のメンバーだったのかな。日本に来る前に...?」

「どうなさいましたか」

「えっと、何だったっけ。ごちゃごちゃになってしまいました」

「情報の出てきた順番なんかどうでもいいのです。奥さんやお嬢さんに、『あのね、こんなこと言ってたよ』と話してあげるような気持ちで記憶に残ったことをおっしゃればいいんですよ」

「それだったら、要するに沖縄とのハイスクールの交流が有意義だったということです。アメリカが交流協会に出している拠出金で、毎年夏にアメリカの学生をホームステイさせてくださった沖縄の人たちに感謝したい。お互い分かり合うには、一緒に住んで、一緒に学校に行くことに尽きるとおっしゃっていました」

「ホームステイの期間はどのぐらいなんですか」

「たしか6週間って言ってました。結構長いですよね」
「最近あらたに何人か沖縄に来たのでしょう」
「20人ぐらい、23人だったかな」
「フォーリーさんが駐日大使になられる前の議員時代になさっていたのも学生の交流事業ですか」
「そうだと思いましたけれど」
「沖縄との交流はずっと前から盛んだったのでしょうか」
「いやあ、最近でしょうね。僕はぜんぜん知りませんでした。日米の交流は盛んだとは思っていましたけれど。これ、フォーリーさんが始めたのかなあ。沖縄は米軍基地もあるし、アメリカ政府も気を使っているんでしょうか。まあ軍事戦略の一環なんだろうけれど、一緒に暮らすことで分かり合えるというのはよく分かりますね」
「それではもう一度文章を見てみましょう」
「あ、前にやっていたのは高校生の交流じゃなかったんだ。Parliamentary Exchange Program だから議員の交流ですね。legislator は legislation と関係があると思うので、法律を作る人でしょう。日本の方は Diet member で国会議員なんだから、これは連邦議員ということですか」
「legislator という単語になじみがなかったんですね。最初の文章は正確に理解されていますから、きっとこの単語につまずいたために2番目の文章の理解が損なわれたのです。しかし、U.S.-Japan Parliamentary Exchange Program という大切な情報はその前に出ていますから、その時点では分かっていたはずなんですが、きっとこれは何だっけと思っているうちに情報が飛んでしまったんですね」
「そうかもしれません。まだ、知らない単語に出会うととても嫌な気持ちになってこだわってしまうのです。そのために、せっかく分かっていたことを落としてしまうのは残念だなあ」
「そうですね。その後遺症で次の文章の頭も集中力を欠いたのか、甘い把握になっています。あとで私が尋ねた時に大使になられる前のことだと正確に答えておられましたが、最初に自分から説明されたときは、すこし立ち往生されてましたね。ここは、過去と現在が対比されているので、時限が変わったことをしっかりつかまえなければいけないんです」
「本当ですね。とっても分かりやすい文章なのに。legislator でつまずいたことがこんなに足をひっぱるんですね」
「とっても損でしょう？ あの単語さえなければ、全部理解できたのです。

しかもあれは飛ばしても全体の理解には何の影響もない単語だったんです。これを音声で聞いていたとしてもたぶん同じ現象が起きたでしょう。単語の知識は理解のベースですから地道な勉強が必要ですが、実用的な面から言えば知らない単語は前後から類推するしかないので、あまりこだわらないことです。あなたの場合は、まず『恐くないぞ、今までの理解を乱されてたまるか』という心構えが大事なようですね」

「ほんとうにそうですね。それにしても、前に目を戻せないというのはきつかったです。でも、これを音声で聞いているときは元に戻れないんですから、聞き取れるようになるには、情報を取り込んだそばから処理しないとダメですよね。でも、こんなこと日本語でもやっているのかなあ」

「いいえ、普通はもっとボーっと聞いているんですよ。時々『今の話、聞いてなかったのか』と言われることはありませんか」

「ある、ある。かみさんにしょっちゅう言われています」

「それは日本語のリスニング力の問題ではないですよね。気楽に聞き流すときと集中してきちんと聞くときがあっていいんです。英語だからいつも100パーセント聞けなきゃいけないということもありません。これは大事だと思うときにきちんと理解できればいいんです」

「今のお話はなんだか目からウロコが落ちるようです。あたりまえのことなんだけど、英語となると変にむきになるところがありますね。でも日本語だって自分のよく知らない話は分からないし単語だって聞き取れないこともあります。日本語の新聞記事をここのレッスンのように一回読んだだけで内容をまとめよと言われたら、どのぐらいできるか怪しいもんだな。リスニングの訓練って英語も日本語もないような気がしてきました」

「基本的にはそうです。外国語は発音や文章構造が母国語と異なるのでかなり努力は必要ですが、そんなに特別なことではないんです。何回言っても分からない人は、英語でも日本語でもダメなんですよ」

「おひょ、話がだんだん険呑になってきましたね」

「次は音声情報のサマリーの練習をします。これは、今までの訓練、発音の知識、短文聞き取り、シャドウイング、順送り理解、スラッシュ・リスニング、そして今日やった大意をつかむ訓練などをすべて含む総合的な訓練になりますので、よく復習をしておいてください。また、佐藤さんの発話能力の範囲内で行えるインタビュー形式のリスニング訓練も予定していますので楽しみにしていてください」

「ほんとうに受講生のニーズに合わせたプログラムなんですね。感激です。

「あの、ひとつうかがってもいいですか」
「はい、何でしょう」
「先生方はどういうプロジェクトをなさっているんですか。通訳が本業とうかがいましたが」
「先日ユミコ先生に聞いていらしたことね。それは最後の総合評価のセッションで院長先生からご説明があると思います。どうぞそれまでお待ちください」

指導記録

　ラピッド・リーディングのねらいは、細部にとらわれることなく文章の大意をつかむコツを身につけることである。佐藤さんのように、試験で正解答をするのを最大の目的として英語の勉強をしてきた人は、減点主義の考え方に凝り固まっているので、のびのびと自分の興味のために読むという発想がない。母国語で書かれたものを読むとき、私たちは内容を100パーセント理解しているわけでも、覚えているわけでもない。知らない熟語にも出会うが、いちいち辞書を引くことはないだろう。それがごく普通の『読む』という情報取得の形態なのである。それなのに媒体が英語になったとたんに、妙なこだわりが出てくる。知らない単語があると、嫌な気持ちになる。音声の場合は、その後がまったく聞こえなくなってしまう。その根底にあるのは苦手意識と劣等感だ。
　佐藤さんの英語の知識は相当なものだと思う。おそらく、平均的な学力のネイティブでも知らないような難しい単語を知っているだろう。だが、自分のために使うチャンスと発想がなかったために、実用的な機能を果たすように磨かれていない。
　佐藤さんに必要なのはプラス志向だ。少しでも分かったら楽しいなあと思えること。そこに、英文を前から取り込んでいくという基本的な技術力が加わればかなりの成長が期待できると思う。
　佐藤さんには無理せずに10分ぐらいで読めるもので、それぞれに5個ぐらいの単語リストをつけた記事を宿題に出した。単純な事実を伝える記事よりも書き手の主張が入っている方が面白いと言われたので、社説や論評も多く出した。
　【読者の皆さんは、英字新聞の記事などを利用されるとよいでしょう。最初はよく知っている事件や事故を取り上げ、慣れてきたらまったく新しい情報

に挑戦しましょう。まず、大意を取りながらひととおり目を通せる時間を計り、その7割ぐらいの時間制限を目標にするとよいでしょう。できればあとで、キーワードを辞書で調べて、書き留めておきましょう】

SESSION● 7
サマリー 情報をものにする

スピーチを聞く（1）

「佐藤さん、訓練も終盤にさしかかってきました。リスニングの目的は自分にとって大切な情報を取り込むことです。通訳する必要はありませんので、他の人にあらましが説明できて、質問されたことにほぼ正確に答えられるというのを目標にされるとよいでしょう。今日はこれまでの総仕上げのようなレッスンです。がんばってください」

「はい。前回のレッスンを受けてから、変なこだわりがなくなって、とても楽しくなってきました。今日は自分が楽しむつもりでスピーチを聞きたいと思います」

「その調子です。最初の課題はシンガポールの学校の先生が通貨危機の影響について述べておられます。必要ならメモを取られてもかまいませんが、そのために耳がお留守にならないよう気をつけてください」

【CD No. 18。読者の皆さんも一緒にやってみましょう】

*

But I want to tell you another story before you go to sleep. A man called Charles Handy wrote a book called, "The Age of Unreason," in which he said that in an experiment they put a frog in a very cold jar of water, and slowly heated up the water. The water got hotter and hotter, but unfortunately the frog was so comfortable because it was getting so warm and nice, he forgot that he was being boiled to death. That is something to think about.

So we thought about it, and we said, no, let's be positive. Let's turn this disadvantage into certain advantages for Singapore. So we said we would do skill upgrading and skill retraining, so that when the economy picks up our workers will be more skilled and better trained and therefore better able to take advantage.

The other thing is, we decided to cut our unit labor costs, because the cost of production of one unit of a toy, and electronic goods, a radio, was 20 percent higher in Singapore than in all our competitors around the region. So beside the 15 percent wage cut, government also cut rates, rents and so on. So I must tell you my friends that Singapore will be competing with you, because we have made our cuts, tightened our belts and we are ready to lose 20 to 25 percent of our wages, if necessary, to compete with Taiwan, Korea, Hong Kong and so on. I'm talking as an educationalist to other educationalists. I'm not an economist, I am not a politician, but I'm telling you the truth of what is happening in my country.

The other thing that we are talking about in Singapore is restructuring of the business environment. You heard how in Japan the financial institutions had some difficulty. I think that was so, it was so in other countries as well. In Singapore, we have started to tighten our banking laws, consolidate our banks, make them stronger, make them bigger, so that they are better able to compete. We have made sure that the financial institutions in our country are well managed and well ready to take advantage when there is advantage to be taken, when the economy grows.

And at the same time we must protect shareholder interests and investors' interests and depositors' interests. So we have slowly but surely, restructured our business environment.

The slogan that we are using in Singapore is quite simply, first of all, to minimize unemployment, minimize unemployment. And by training and retraining, maximize employability, so that anybody can continue to be employed, because if he loses one skill he learns another skill, and he will continue to be employed.

And the third principle is to enhance our cost competitiveness. This is our slogan, "Minimize unemployment, maximize employability; that means make sure that everybody can work to get a job, and enhance cost competitiveness".

You think that I am talking about just the nation? No, all this is happening from education. So now I will tell you something about the responses of education to this crisis.

We have come up with another principle, "Thinking school, learning nation." "Thinking school, learning nation." We must teach our children to be creative, to learn to work together as a team, be highly productive, and at the same time, bond together and work together as a nation.

*

「いかがでしたか」

「面白いお話でした。もっと聞きたかったです。失業率が高くなり、賃金がカットされる、金融再編が行われるなど状況は日本とよく似ていますが、私が感心したのはこの人の前向きの姿勢です。最後におっしゃっていた Thinking school, learning nation. という言葉は印象深いですね。国を作るのは教育なんだ。この状況をバネにして技術を磨こう、そうすれば競争に勝てる。そのために自分は教師としてがんばるんだという情熱が伝わってきますね」

「賃金はかなり低くなっているんですか」

「そうみたいですね。ああ、そうだ、もうひとつ身につまされたことがあるんです。ほかの国と競争していくのに必要だったら給料が2, 3割少なくなっても構わないとおっしゃっていました。実はうちの会社でも給料が減らされていて、従業員の間に不満がくすぶっているんです。やる気を失って手抜きをする者もいて苦労します。でも正直に言って、私にはこの先生のような考え方はできませんでした。日本の学校の先生はどうなんでしょう。世界の先進国となった日本の国民には『国を作っていくんだ』という発想がないのかもしれない。ああ、思い出しました。最初のころに、カエルの話が出てきました。これは前にどこかで読んだことがあるんですが、本当に日本はぬるま湯に浸かったカエルみたいに、いつのまにかゆだってしまうんでしょうか」

「ほんとうにそうですね。日本はアジアの人たちから学ぶべきところがたくさんあるのかもしれませんね。それでは休憩にしましょう。このあともうひとつ同じようなレッスンをして、そのあとユミコ先生が外資系企業の面接シミュレーションをしてくださいます」

コーヒーブレイク

「リュウコ先生、なんだかうれしそうですね」

「ええ、ここまで進歩されたかと思うと感慨がありますね。英語の力がつい

たことよりも、ものの考え方が柔軟になって以前よりずっと素敵になられたと思いませんか」
「それは私も感じます。自信がついてきたのでしょうか、以前より明るくエネルギッシュな印象を受けます」
「今日はユミコ先生の面接をとても楽しみにしてらっしゃいますよ」
「ええ、私も腕がなりますわ」

スピーチを聞く (2)

「それでは 2 番目のレッスンを始めます。今度はアメリカ人のスピーチで、少しスピードが速いかもしれません。この 10 年を振り返って日米の半導体業界 semiconductor business を比較しています。『10 年前（1988 年ごろ）と言えば日本はアメリカをはるかにしのいでいた。その頃にスピーチをするとすれば、きっと私はこんなことを言っただろう』という表現で話が進んでいきます。あとで日本とアメリカの業界の特徴を比較して報告していただきたいので、そのつもりでお聞きください。佐藤さんにとってはあまりなじみがない業種なので、いくつかの単語とアメリカの企業名のリストを差し上げます」

　　　yield　歩留まり（製造された製品の中で良品の占める割合）
　　　hollowing out　空洞化
　　　General Electric, RCA, AT & T, Lucent, Intel, Motorola, National Semiconductor, Fairchild

【CD No. 19。読者の皆さんもご一緒にどうぞ。メモをとっても構いませんが、おそらくメモを取らないで集中して聞いた方がよく理解できると思います】

＊

　Ten years ago I would have said that Japan had productivity and quality control that was superior to any place, and particularly superior to the United States. And in semi-conductors the yields, you don't get 100 percent good devices out of the manufacturing process, so yields are very important. And if you get better yields you get more profit. And Japan's superior quality control and superior productivity was giving it better yields, and therefore much better profit rates than the American competitors. This is, I think, due to quality circles and all of

SESSION 7: サマリー / 情報をものにする

the other things which I don't have to talk about in detail, I think everybody's well aware of.

I would have said that Japan has an advantage because it has a better educated work force on the average than you could find in the United States. And it also had a talented pool of engineers. About half of the university students in Japan are in science or technology fields and, since half of the high school students matriculate on to universities, this gives Japan a number of engineers which in absolute terms is almost equal to the United States, even though Japan has about half the population.

I would have said that Japanese companies are not very good at new technology and developing new designs, but that's not a problem, because they're very good at catching up and at following, so they can take a new design, implement it in mass production and use their superior manufacturing to be more competitive than the United States.

What would I have said about the United States? I would have said that U.S. industry is structured in a way which is inherently weak, with many small weakly financed companies. That the large companies were leaving the hi-tech, semi-conductor industries: General Electric left it, RCA left the industry and then RCA disappeared as a company. AT&T, the company which started the whole industry with the invention of the transistor, was talking about leaving semi-conductors. They later came in as Lucent, back in, and they're actually doing, they're doing well. Other large semi-conductor companies: Intel was losing money in the 1980's, Motorola was losing money in the 1980's, National Semi-Conductor was, Fairchild, one of the pioneers in the industry, finally left the industry and no longer exists as a company. Profits were down, the stock market was weak, raising capital was difficult. I would have said that the U.S. has very weak quality control and that productivity and yields as a result are low, and as a result profit rates were also low. I would have attributed this to the fact that talented engineers in the United States tended to go into design and marketing, rather than into manufacturing. I might have also said that American workers, on the whole, are not as well educated as Japanese workers. It is sometimes difficult to find workers in certain parts of the United States who speak good English, much less workers who can handle the arithmetic necessary for statistical process control that you can find in Japanese factories.

I would have said that the U.S. is a place where it's very easy to start companies, but I would have probably said that's a weakness of the United States because, constantly engineers were leaving large companies to go to smaller start-ups, and as a result it was difficult to grow companies above a critical mass where they could compete with Hitachi, NEC, Fujitsu, etc.

I might have pointed out that the U.S. is superior on design and developing new technology, but I would have said that doesn't get us very far because we're not very good on implementing and manufacturing.

I think I would have predicted that the United States was bound to become a company of maybe farmers, because we have a very good agricultural sector and a company of prototype builders, and there was a potential hollowing out of the United States. That's what I would have said 10 years ago. Now I think we'd say something very different. Now it seems that Japan is struggling and can do nothing right and the U.S. is riding a wave of success.

*

「いかがでしたか」

「日米の半導体業界を比べていて、10年前は日本の半導体は世界のどこのものより優れていた。教育水準と労働者の質が良かったと言っています。日本の大学生の半分は理工系で、高校生の半分は大学に進学する。だから日本の人口はアメリカの人口の半分だけれど絶対数にするとエンジニアの数ではアメリカに負けないと言うんです。ちょっとどういう計算になるかよく分からないけれど面白い理屈ですね。アメリカの方は財務体質が弱いと言っていました。大手メーカーが手を引いて、中にはもう存在しないものもあるという話です。アメリカの問題はクオリティコントロールが弱いということ。それで生産性が低いのです。デザイン、設計と言う方がいいのかな、それは強いしマーケティング力もあるから、企業を起こすのは簡単なのだけれど、そうすると大企業よりも中小企業が増えるので大規模生産はできないんです」

「先ほどエンジニアの数は日米であまり変わらないとおっしゃっていました

けれど、質も変わらないのですか」

「どちらの方が優れているとははっきり言っていなかったと思います。ただ、アメリカの方が発明の才がある、日本はそれをまねるのがうまいというような比較をしていました」

「では、10年前に日本がアメリカをしのいでいたのは何故ですか」

「それはクオリティコントロールですよ。製造の管理がしっかりしていて生産性が高かった。アメリカは優れたエンジニアがあんまりその方面に関心がなかったということでしょうか。日本人はまじめでこつこつやるのが好きだけれど、アメリカ人はちょっと才能があれば企業を起こそうとするということでしょうかね。あ、今思い出したんですが、アメリカのワーカー、つまり一般の従業員で英語が話せない人が多いと聞いたような気がするんですが、聞き間違いでしょうか」

「いいえ、その通りですよ。移民の多い国ですからね、それは当然でしょう」

「そのあとで、アリスマテックができないとか言ってましたが、これは何でしたっけ」

「算数ですよ。算数ができないから統計的な工程管理ができないという意味でした」

「ああそうだったんですか。それと最後の方はごちゃごちゃして分かりませんでした。農業がどうのこうのという箇所です。そのあと今は日本が苦労していてアメリカが成功していると言っていました」

「そこはあまり重要なところではありません。このまま行けばアメリカは農業の国になるかと思ったという意味です。hollowing out と言っていたでしょう？ 産業の空洞化という意味です」

「最初の単語リストに入っていたのに気がつきませんでした。なじみのない単語が出てくると頭が真っ白になるんです」

「それは誰でもそうです。でも、全体に見ればよく取れていると思いますよ。細かいところであなたが重要だと思わなかったところ、たとえばAT＆Tがトランジスターの発明によりこの業界を作ったという情報などは抜けていますが、それは日本語で人の話を聞いたり本を読んでいるときにも普通に行われていることですから、気にする必要はありません。通訳をするのではないのですから。日本語での聞き取りのレベルにできる限り近いリスニング力をつけるよう努力されるとよいですね。それではここでいつもより長めの休憩を取ります。今のテープをもう一度聞きなおして単語を整理されたら、

しばらくコーヒーを飲んでくつろいでください。このあとはユミコ先生が面接官になって外資系企業の面接シミュレーションを行います」

コーヒーブレイク

「リュウコ先生、お疲れさまです。佐藤さん、好調ですね」
「そうなんです。これまでの成果がずいぶん出ているように思います。瑣末なことにとらわれず、大切な内容をきちんと取って理解しています。日本語で話を聞くのと似たような感じで、だいぶ自然に順送りの理解ができるようになっていますね。身についてきたということでしょうか」
「通訳をしている時にも、スピーカーの言っていることが、水晶玉で見るようにすっきり見えて、とってもやりやすいなという感触を持つことがありますけど、佐藤さんの今の気持ちは、われわれがそういう時に経験する感触に似ているんじゃないでしょうか」
「そうだと思いますよ。今日はずいぶん長い話をずっと聞いてもらっているわけですが、ほんとに調子に乗っているというか、内容を楽しみながら聞いているし、よく理解しているという様子がありありと分かりますもの」
「私たちもうれしいですね。さて、次の面接シミュレーションはどうなりますかしら」

面接シミュレーション

「佐藤さん、準備はよろしいですか。いよいよ、最後の面接シミュレーションです。実際に、佐藤さんが外資系の会社に転職をする場合の面接では、こんなことが予想されるということを考えて、用意してみました」
「はい、どうぞよろしくお願いいたします」

＊

"Then, Mr. Sato. Please have a seat."
「はっ、あっ、いや、"Thank you."」
"Thank you for coming to see us today."
「"You are welcome." あっ、いや、"Thank you." えっと、あの、『こちらこそ』とかって言いたかったんですが」
「そういう時には、Thank you の YOU に力を入れて、for your time（お時間割いていただきまして）と言ったらいいんじゃないですか」

「あ、そうですね。"Thank YOU for your time."」

"We have received your resume. I understand you are interested in the 401k schemes."

(オッ、突然のっけから来ましたね。401kといえば、アメリカの個人年金制度で、日本じゃこれから導入しようという制度のことじゃないか。先生たちはそんなこともご存知なのか)

"Well, yes, because the Japanese government is planning to introduce the system soon in Japan, too." (でもよかったな、この間から、会社で担当してきた問題だ)

"That's right. We are also interested in what the Japanese government is planning to do, though it seems like it has been put off a bit now. But, before we go into that, would you tell us a little about yourself, Mr. Sato. What do you do?"

「"Ah, well. I ... あのー、What do you do? というのは、どういう意味でしょうか。なんとなく、今の会社で何をしているかってことかな、とか思うのですが」

「そうです。よく仕事は何をしているかと聞く時に What are you doing? と言う日本人がいますが、あれはおかしいです。What do you do? でいいんですよ。でも、今一つはっきり意味がわからないなと思ったら、聞き返してもいっこうに問題はありません。むしろ推測で返事をしては、答えがずれて相手にしっかり分かってないことがすぐ分かりますし、きちんと確かめようとしない人間だと思われてもいけませんね。なんとなく今までの会社で何をしてきたかと聞いているのだろうかと思った場合は、例えば、You mean what I have been doing at the company I work for right now? というように聞き返したらどうでしょうか」

「あー、そうですね」

"So, what have you been doing?"

"Well, I have done various things. I began working for the company 18 years ago, and worked first in the Bond and Finance Department, then in the Equity and Derivatives Department. I have also worked in the IPO, the Initial Public Offering Division, and the Investment Trust and New Products Department." (ヒュー、自分の履歴を英語で言えるようにしてきてよかったな)

"So, you have quite a bit of actual experience in the financial field?"

"No, not at all."

「佐藤さん、今の答えは日本式すぎますね。謙遜なさりたい気持ちは分かりますが、外資系の企業に就職を希望なさるなら、もっとずうずうしくご自分のことをアピールなさらないと」

「はー、そうでしたね。そうしなくちゃということは頭では分かっているんですが、実際には難しいですね」

「そうでしょうが、これも一つの意識の変革ですね。英語で話す時は、頭も英語に切り替えないと。切り替えれば、あまり抵抗はなくなりますよ。特にこうやって練習しておけばね」

「そうですね」

「では、"So, you have quite a bit of experience in the various financial product fields."」

「Yes, I do. って言うのも、やっぱり、抵抗を感じるんですが、こういう時はどう答えたらいいんでしょうか」

「そうですか。そんなに抵抗を感じるようでしたら、"Oh, I would say yes."とか、"I have been blessed with a number of valuable opportunities." と言うのはどうでしょうか。おかげさまで、いい機会に恵まれましたと、ちょっと謙遜する感じで。でも、これからは、謙遜することなく、おおいに自分を売り込むことに慣れる必要もありますよ」

「そうだろうとは思っています」

「では、"What is your most recent assignment in the company?"」

「あの、assignment とは？」

「割り当てられた仕事のことです。一番最近担当した仕事はどんな仕事ですかということですね。単語一つが分からなかったときは、"assignment?" という具合にちょっとその言葉を繰り返す形で、聞いてもいいと思いますよ」

「そうですか。では、"Ah—, I have been assigned to a new department, a department... アメリカの 401k 制度について研究する課ができたんで、そこで仕事をしていると言いたいんですが、study というのは変でしょうか」

「いいえ、そんなことありません。a department which is studying でも、conducting a research on the US 401k system でもいいんじゃありませんか」

"So, I am working in a new department studying about the 401k system in the US."

SESSION 7: サマリー / 情報をものにする

"Is that so? What do you think is most important about this new system, if it is introduced to Japan finally? Do you foresee a great success of the system in Japan?"

"Foresee?"

「(早速この手を使いましたね。いいですよ、佐藤さん) "Yes, do you think a similar system will be able to succeed in Japan?"」

"Well, I think it may be difficult at first. I think it is important to educate consumers very much about the system, because Japanese people are not used to taking risks on their own." (「最初は難しいと思う。日本人はリスクを負うことに慣れていないので教育が必要だ」というのはこんな言い方でいいかな)

"Yes, that is what we hear a lot. What are the clients like here? Have you had any trouble with your clients before? Do they expect you to take responsibility, if you fail in delivering the expected return?"

「(今のは、日本のクライアントはどんなクライアントで、前にトラブったことがあるか、期待通りのリターンがないと責任を取れと要求するかって質問だな。えーと、『日本では、アメリカと違って、個人投資家がまだ十分育っていないし、機関投資家さえ、大きな儲けを要求しながら、リスクは絶対に回避したがるし、今までは、損をすると、その損失を証券会社に肩代わりさせるところもあった。401kが導入されれば、個人もリスクを負わなくてはならないので、そのことについて教育が重要だ』と言いたいんだけど)えーと、こんな言い方はどうでしょうか。"I think in Japan individual investors have not yet grown very much compared with in the United States, while even institutional investors absolutely avoid risks, although they expect a big return. They sometimes demand the brokers ... えーと、『肩代わり』は何と言えばいいのかな」

「佐藤さん、日本語では、『まだ個人投資家が育っていない』とおっしゃりたいんでしょうが、それをそのまま英語にしようとすると無理がありますね。あまり難しく考えずに、英語では『個人投資家がアメリカの個人投資家のように成熟していない』というような言い方をしたら表現しやすいのではないでしょうか。例えば、こんな風に言ってはどうですか。"Individual investors in Japan are not so mature yet, compared with those in the US."」

「あー、なるほどね」

「それから、文章はけっして長くなくていいんですよ。短くていいんです。

日本語の文章は、〜で、〜し、〜ですが、というようにいつまでもピリオドなしで続けていくことができるので、つい私たちは、日本語につられて、長い文章を作ろうとしてしまいますが、そうすると、英語ではなかなか作文が難しくなりますし、かえって分かりにくい文章になることがありますからね」

「そうですよね。それでいつも自分の言いたいことが途中で言えなくなってしまいます」

「そうでしょう。ですから、今のところも、例えば、Even institutional investors don't want to take risks, while they expect big returns. と一度文章を終えてから、In the past, some of them even demanded brokers to cover their losses. というような文章にすれば、簡単に言えますし、すっきりしませんか。それに『肩代わり』の英語に詰まる必要もありませんね」

「なるほど。want なんて動詞はこんな風に使ってもいいわけですね。『回避』だから avoid にしなくちゃならないという法もないわけだ」

「そうですよ。それから、日本人は何か言う前に言い訳をしたり、何か前置きをしてから本論に入りますが、英語では自分が言いたい結論からパッと先に言って、because 〜『その理由はこうだ』、while 〜『その反面こういうこともある』、although 〜『しかしながらこういうこともある』という具合に続けていきます。このような思考習慣の違いをちょっと意識すれば、英語の文章も作りやすくなりますよ」

「そうか。しかし、それは結構重要な意識の転換ですね。日本人の習性で、単刀直入にまず結論から言うっていうのは、何かこうぶしつけのような気がして、やりにくいですよね」

「そう、最初はそうでしょうが、英語の思考過程はそういうものだと認識すれば、日本語では、日本語式に、英語では英語式にと使い分けができるようになるはずです。そして、順送りの理解が、うまく順送りの思考につながるようになって、上手に which clause や while, although などというつなぎの言葉を使いながら、あるいは to 〜『〜するために』と動詞の句でつなげながら、自分の考えを思いついた順序で、文章にしていくこともできるようになるはずです」

「はー、順送りの思考ですか」

「そうです。でも、これは何も難しいことを言っているのではありません。語学の勉強の過程では、それぞれの言葉を介した思考習慣が自然に身について、言葉が上達していくのですが、外国語として学ぶ場合は、それぞれの言葉の思考過程の違いを意識すると、より早く習熟することができるのではな

いかと思うんですね」
「うーん、それは言えてるって感じがしますね」
「それから、もう一つ申し上げておきたいと思いますが、間違うことを恐れたり、心配したりすることはないんだということを、改めて認識することも大切です。佐藤さんは、基本的な英語の力はちゃんとお持ちになっていますから、自信と余裕を持ってください。文章が途中で続かなくなっちゃったなと思われたら、最初から言い直せばいいんです。そんなことは、ネイティブでも、いくらだってしますから。日本語でもそうでしょう。言い始めて途中で新しい考えが浮かんで、一つの文章が終わらないうちに、別の文章を言い始めることなんて、よくあっても、あわてたりしませんよね。人間の思考なんて、そんなものですから」
「それは、そうですね。英語だと、ついつい負い目のようなものを感じる習性がついちゃってるんでしょうか。どうも、すぐ大汗かいちゃうんですが、『間違ったって当たり前だ。矢でも鉄砲でも持って来い』ってな気持ちでやればいいんですかね」
「そうです、そうです。要はコミュニケーションが成立することが、大事なんですから。ちゃんと相手の目を見て、語りかける。これが大切です」
「では、さっきのところを、もう一度自分なりの表現でやってみたいと思いますが」
「そうしましょう。ご自分の言葉で表現してみることが一番大切です。本当の面接ではどんな聞き方をされるか分からないわけですから、丸暗記でない方がいいですね」
「はい、では。えーと、そうだな。"Traditionally, Japanese consumers tend to seek more stability than growth. Of course they want to realize as much profit as possible, but they don't want to take too much risk. And they don't think about it so much. We, securities companies staff, did not give enough explanation sometimes either. And there were some problems. Once a 401k system is introduced in Japan, individuals must assume risks, too. So, I believe it would be very important to educate people about risk-taking."
「なかなかいいですよ。いろんな場面が想定されますから、今のように、自分の考えをいつも英語で言えるようまとめておくといいですね。では、"Now, we would like to show you a short videotape explaining about our company. It is in English. So if you have any questions later, we

would be happy to explain."」

「こういう時は"OK"って言っていいんでしょうか。初対面なのにちょっと失礼のような感じもしますが」

「大丈夫ですが。ちょっと気になると思われたら、"Fine"とか、"Certainly"とかおっしゃればよいのではありませんか」

「あー、certainlyっていうのは『もちろん』ですよね。それ、響きがいいですね」

「では、ビデオです」*

*

【読者の皆さんは、以下の記述にさっと目を通し、それをビデオで聞いたと考えて、頭の中で内容をまとめてください】

"Our parent company is 53 years old. We established Fidelity Japan 30 years ago. That is, we have been in Japan with our investment management team since 1969. We have grown tremendously in the last 2 years in Japan. Two years ago, there were 70 employees with us, and now we have 240. We are quite active in recruiting women as well. We are proud of the fact that about half of our work force is women, and a good number of them hold managerial positions. The asset we are managing in Japan is about 8.5 billion dollars.

We believe we can grow further in Japan, and in fact in this entire Asia Pacific region. The Japanese government is promoting deregulation of the financial market, and people now have a greater awareness that they would have to take more risks to realize a better return on their investment. Some of the other Asian countries are ahead of Japan in terms of deregulation, and the Japanese people, too, realize that rapid aging of their society will force them to be on their own to a much greater extent than before to prepare for life after retirement.

We can offer useful service to our clients here in this country to help them make appropriate decisions on how to build their financial assets for their future."

*

"Mr. Sato. Do you have any question about the content of the videotape?"

"Yes, ah, no. I think I understood the videotape."

SESSION 7: サマリー / 情報をものにする

「佐藤さん、では、念のため、今の内容を簡単に日本語でおっしゃってくださいますか」

「はい。えーと、『フィデリティの親会社は53年前にできたけれど、日本のフィデリティは30年前で、ここ2年間、特に日本での会社の成長は著しく、従業員は70人から240人に増えた。女性従業員はその内のおよそ半分で、管理職も多い。運用資産は85億ドル』って言ってましたっけ。それから、『わが社は日本でもアジア太平洋地域全体でも、もっと成長できると思う。それは、日本も規制緩和が進んでいるし、高齢化が進んでいて、人々はもっとリスクをとって、資産形成をして行かなくちゃならないと認識するようになったからだ』それから、ちょっと、あとよく覚えていないんですが、『資産形成のためのサービスを提供したい』とか言っていたように思います」

「そうですね。それだけ取れていれば十分でしょう。では先に進めますが、いいですか」

「はい、あの、さっきの面接シミュレーションのつづきですか」

「そうです。頭の切り替えはできましたか」

「はい。大丈夫です」

「では、"So, do you have any questions about us?"」

"Well, I would like to know what kind of people you are looking for."

「大変いい質問ですよ。当然聞くべき質問ですし、そういう質問は、相手に自分の積極性を見せることができます」

"We are looking for people who would be able to take their own initiative in developing new services for our customers in Japan. That means they would have to know how to communicate well with people to find out their needs and wants in terms of the financial planning. We, of course, want people with lots of new ideas and the energy to implement them. But we believe excellent communication skills is most important; that is the ability to communicate what they are thinking to their clients and their fellow workers. If you want to create, let's say, attractive financial products, you would first have to be able to find out what is really needed and wanted. There, you must have very good communication skills to do so directly from your clients, and from your colleagues, who often have good ideas to share with you. Do you think you have that sort of communication skills?"

「(何だか、すごく聞き方が単刀直入だな。そんなコミュニケーション・スキルが自分にあると思うかなんてなあ。よし、そっちがそうなら、こっちもこうだ) "Yes, I think so. I have always kept good communication with my colleagues, even when I was in high school and in college, too. I was a chairman of the student council during my high school days and served as a captain of a baseball team while I was in college. So, I have confidence in my ability to take leadership and to communicate."」

"That's very good. (佐藤さんだいぶ外資系向けのメンタリティになってきたようだわ。その調子、その調子) So, maybe we can work together very well, Mr. Sato. Now going back to the 401k issue. Do you have any specific suggestions as to what an investment management company should do to promote the idea in Japan?"

「(おっ、来たな。しかし、これは僕のアイデアだからな。そう簡単にはこの場で明かせないよな) "Yes, in fact, I think we should create a system that runs on the internet and which is very easy for consumers to use."」

"Yes, we believe the Internet is the key to anything nowadays, too. Do you have any concrete recommendation for such a system?"

"I have some ideas. I can explain it to you more in detail, if you are interested, but of course, that would be after I started working for you."

"Of course. That would be great!"

「佐藤さん、大変すばらしくなりましたね。とてもいい感触を持ち始められたと思います」

「ありがとうございます。先生の誘導のおかげです。最初は、こんなこと言っていいかな、とおっかなびっくりのところがあったんですが、なんか、だんだん英語でやりとりするというのは、こんなことなのかというのが感覚的に分かってきたような気がして、うれしいです」

「私たちも、佐藤さんの成長ぶりにとても喜んでいます。この次が、最後のレッスンになりますが、せっかくここまでがんばったのですから、ここで勉強を止めてしまって、元の木阿弥にしたくありませんよね」

「もちろんです」

「ですから、次はそうならないようにするには、どうしたらよいかをお伝えします」

「どうぞ、ぜひ、よろしくお願いします」

指導記録

　佐藤さんの今日のシミュレーション面接は、最初は不安げであったが、素直に質問の誘導に乗ってくるようになり、結局は大変よい結果が出たと思う。一番大切なのは、やはり発想の転換であり、それができると見事に行動も変革できるということの証であったように思う。佐藤さんが、もともとは、あの受験戦争を戦い抜いた実力のある人であったからこそ、ちょっとした発想の転換と、具体的ステップのインストラクションでここまで成長したのだと思う。今後の佐藤さんの英語力の向上には、自分の中身、すなわち、知識と表現力の蓄積が重要になる。これこそ正に「継続は力なり」の世界以外の何物でもない。これからの勉強の継続が、実は佐藤さんが今後どこまで延びることができるかの鍵である。次回、最後の回は、いよいよ今後の勉強継続方法を伝授する。

---

* 以下の記述はフィデリティ社のビデオにあったものではなく、実際には Ms. Donna Morris のお話の一部で、インタビューに基づいて、こちらで作成したものです。

SESSION ● 8
テーマ別勉強法

最初の新聞記事を読む

「佐藤さん、がんばりましたね。いよいよ、今日が最後のレッスンになります」

「なんだか、寂しい気がします。それに、これで終わってしまったら、今までの努力が無駄になっちゃうような気がして、心配です」

「もちろん、レッスンの終わりを佐藤さんの英語の勉強の終わりにはしないでください。むしろ始まりなんですから。語学は継続が力です。子供の語学の学習も継続的に expose されていくからこそ、言語を習得していくわけで、やめてしまえば、そこで学習はとまってしまいます。でも、ある程度のところまでが大変なのであって、ある一定のレベルに来ると、後は楽につづけられますから、それまでの辛抱です。今日は、今後の佐藤さんの独学を助ける方法の一つとして、テーマ別勉強法というのを、実際にちょっとやってみていただきましょう。効果が見えれば、よい動機づけになるでしょうから」

「テーマ別勉強法ですか。どんなものなんですか、それは」

「では、まず、この米大統領選挙に関する記事を読んでみましょう。分からない単語があれば、マーカーで印をつけて、書き出してください」

【読者の皆さんも、同じように作業をしてみましょう】

*

2000年2月21日付 *The Japan Times*（ボールドは佐藤さんが書き出した単語など）

Bush whips McCain in **S.C.**
Victor regains **momentum** before **vital string** of **primaries**
Compiled from AP, Reuters
 COLUMBIA, S.C. — **Texas Gov. George W. Bush** easily defeated **Arizona Sen. John McCain** in **South Carolina's Republican primary** Saturday, reclaiming momentum from his rival as **the par-**

ty's presidential race** turned toward larger states that likely will **settle the nomination**.

"I'm relieved," Bush acknowledged after his victory. "Relieved is not the right word. I'm excited and energized."

McCain told **supporters**, "We have just begun to fight, and I cannot wait for the **next round**," involving primaries in Michigan and Arizona, **McCain's home state** early this week. His **campaign manager dismissed the defeat** as "**a bump in the road.**"

The senator will have to **regroup** quickly. After Michigan and Arizona come two more states a week later. On March 7, 13 states conduct primaries that could **settle the nomination**.

With 97 percent of precincts reporting in South Carolina, Bush **outpolled** McCain 293,652 to 230,878 or 53 percent to 42 percent. Alan Keyes received 24,478 **votes**, or 5 percent. **The turnout** was double what was expected, but did not **boost** McCain as **his campaign** had hoped.

In South Carolina, Bush aides said, their **candidate proved his mettle as a fighter** with the toughness necessary to **withstand a strong challenge**.

But McCain's campaign manager, Rich Davis, attributed the loss to **negative advertising** by Bush directed at **conservative voters**.

McCain, **a former Vietnam War prisoner, could not pull together a winning coalition** of **moderates, independents** and **Democrats**. About 60 percent of the **voters** in the primary were Republicans, and Bush won two-thirds of their **ballots**.

All voters were welcome to participate in **South Carolina's open Republican primary**. Traditionally, about one-third of the voters have been Democrats or independents.

*

「そんなに長くない記事ですが、よく知らない内容なので、ちょっと分からない言葉が多いんですが」

「それは心配いりません。最初に新しい内容のものに触れる時は、分からない言葉がたくさんあるのは、ごく普通のことです。どんな分野の勉強も最初が一番大変です。テーマ別勉強法というのは、新しい分野の知識や単語を、

できるだけ効率よく身につけていこうという勉強方法の一つなのです」
「そんな方法があるんですか」
「そう、ありますよ。ちょっと忍耐力と、継続努力が必要ですが、進歩が比較的早く目に見えてきますから、継続のインセンティブが生まれます。分からなくて書き出したり、マーカーで印をつけた言葉を、辞書で調べていただきますが、最初の部分だけ、ちょっと一緒に見ていきましょう。最初の S.C. は South Carolina ですね。その前の単語 whips は分かりましたか」
「あっ、いえ、ちょっと。whip は確か『むち』という意味だったと思うんですが。s がついていますから動詞かなと」
「そうですよ。『ブッシュ、サウス・カロライナでマケインを鞭打つ』で、動詞として使っているんですね」
「あー、そうですか。そんな使い方もするんですね」
「次の primaries というのはなんですか」
「それが分かりませんでした。primary は『主たる』とかいう意味ではなかったでしょうか。でも複数になっていますから」
「そうですね。ここでは『予備選』という意味です。momentum は『推進力』とか『弾み』のことで、vital string of primaries は『重要な一連の予備選』ということです。この行は全体としては『重要な一連の予備選を前に勝利者、つまりここではブッシュ氏が、再び推進力を得た』ということになりますね」
「なるほど。そういうことですか」
「では、この後は、辞書で調べてください」
【読者の皆さんもやってみましょう】

*

［佐藤さんが調べた箇所の訳］
1. Texas Gov. George W. Bush　ジョージ・W・ブッシュ・テキサス州知事
2. Arizona Sen. John McCain　アリゾナ州選出ジョン・マケイン上院議員
3. Republican primary　共和党予備選
4. the party's presidential race　共和党の大統領選候補者を選ぶ選挙
5. settle the nomination　党の指名を獲得する
6. supporters　支持者
7. next round　次に行われる一連の予備選

SESSION 8: テーマ別勉強法

8. McCain's home state　マケイン氏の地元の州
9. campaign manager　選挙対策本部長
10. dismissed the defeat as a bump in the road　（今回の）敗北はちょっとしたつまずきにすぎないとして片付ける、重要視しない
11. regroup　体制を立て直す
12. With 97 percent of precincts reporting　97パーセントの開票が進んだところで
13. outpoll　世論調査で相手より高い支持を集める
14. the turnout　投票率
15. votes　票、得票
16. boost　追い風となる
17. his campaign　マケイン氏の選挙対策本部
18. proved his mettle as a fighter　戦士としての気概を見せた
19. withstand a strong challenge　強力な挑戦を受けて立つ
20. negative advertising　中傷広告
21. a former Vietnam Prisoner of War　元ベトナム戦争の捕虜（マケイン氏のこと）
22. conservative voters　保守派有権者
23. could not pull together a winning coalition of ～　～と連合を組んで勝利をものにすることはできなかった
24. moderates　穏健派
25. independents　無党派、無所属
26. Democrats　民主党
27. voters　有権者
28. ballots　投票、得票
29. South Carolina's open Republican primary　オープンな共和党のサウス・カロライナでの予備選

*

「いやー、かなり分からない言葉があって、調べるのにすごく時間がかかってしまいました。やっぱり、新聞は難しいですね。たった1本の記事でさえこんなに時間をかけないと読めないんですから、がんばって読もうと思って買うたびに、結局自分の力のなさに幻滅させられるんですよね」
「そうがっかりなさらずに。段々と効果のほどが分かりますから」
「そうでしょうか。この最後の open Republican primary というのはど

ういうことなんですか。単語は分かるんですが、意味が」

「それは、予備選は本来、党の候補を選ぶためのものですから、共和党の予備選では共和党員だけが投票するのが自然ですが、州によっては、党員以外の有権者にも開放されていて、民主党員や無党派の人でも投票ができるというところがあるのです。サウス・カロライナでは党員以外にも投票が open になっているということです」

「そうなんですか。そんなシステムになっているんですか。それは制度を知らないと分かりませんよね」

「そうですね。単語が分かっただけでは理解できないところが、難しいところで、語学の勉強はただの言葉の勉強だけではなく、知識の蓄積が大切だということになりますね」

「何か、気が遠くなるような気がします」

「そう、おっしゃらずに。知識は一度理解してしまえば蓄積されますから、そんなに心配なさる必要はありません。その辺も、今日の勉強をもう少し進めていただくと分かってきますから、ちょっと少し休憩なさってから、次に進みましょうか」

「佐藤さん、いつもの私のコーヒーができていますから、どうぞ」

「あ、リュウコ先生、ありがとうございます。先生のコーヒーは、いつも救いの神です」

コーヒーブレイク

「ユミコ先生、佐藤さん、今日はちょっと最初からバテてしまいましたね」

「そうですね。あのため息のつき方をみると、かなりこたえている感じですね。でも、次で効果が見えれば、元気がでると思いますよ」

「確かに。今までのケース・スタディでも、そういう結果が出ていますから、佐藤さんのことも心配はしていませんが、あんなにがっかりした様子を見るとちょっと気の毒になってしまいます」

「最初にがっかりすればするほど、テーマ別勉強法の効果が見えた時には、感激しますよ」

「それはそうですね。コーヒーブレイクの後が楽しみですね」

同じテーマの2本目の記事を読む

「では、佐藤さん、もう一本の記事を読んでみてください。数日後の新聞記事で、内容は同じアメリカの大統領選挙です。同じように分からない部分を書き出してください」

「えー、もう一本ですか(最後の授業だっていうのに、こんな目に合うなんて。先生方もずいぶん酷だな)」

「そうです。それから、さっき読んだ時は分からなかったけど、今回は分かったというところにはアンダーラインを引いてみてください」

「はーい、分かりました(あー、やだな。今まで以上に、どっと疲れた感じだ)」

【読者の皆さんも、同じ作業をしてみましょう】

*

2000年2月24日付 *The Japan Times*
Support from Democrats, Independents
McCain defeats Gov. Bush in Michigan, Arizona ballots
The Washington Post

WASHINGTON — Arizona Sen. John McCain defeated Texas Gov. George W. Bush in the Michigan and Arizona Republican presidential primaries Tuesday with the **overwhelming** support of independents and Democrats that McCain said represented "**a new majority**" that would become "**the worst nightmare**" of Vice President Al Gore and the Democrats in November.

McCain's victories **earned him all 30 delegates** from Arizona and at least 46 of the 58 **at stake** in Michigan — **enough to assume the lead in the race for national delegates**. Although Bush gained at least six delegates Tuesday, he only had 67 delegates **to date**; McCain had 90. A total of 1,034 delegates are needed **to nominate** a candidate at **the Republican convention** this summer.

McCain's Michigan victory, **a vital recovery for him just three days after his 11-point loss to Bush in South Carolina**, was fueled by a record turnout of more than 1 million voters, twice the number who voted in the 1996 primary. According to **exit polls, those numbers were swelled** by independents and Democrats, who made up just over half of the primary **electorate**. Independents went for McCain by more than 2 to 1, while Democrats gave him 80 percent of their votes, according to the exit polls.

In Michigan, with 97 percent of the precincts reporting, McCain had 610,588 votes, or 50 percent, and Bush had 519,880, or 44 percent. Alan Keyes had 5 percent.

In his home states of Arizona, with 83 percent of the precincts reporting, McCain had 174,921, or 60 percent, and Bush had 104,199 votes, or 36 percent. Keyes polled 4 percent.

*

「これも、分からない単語がいろいろありますけど、すぐ前に読んだ記事に出てきた単語で、調べたばかりのものはよく分かりますから、知ってる単語が多いような気がして何だかこううれしいような気分になりました」

「そうでしょう。そこなんですよ、このテーマ別勉強法のよさは。繰り返し同じ単語に接することが記憶や理解を助けますから、自分の知識として定着していきます。新聞も毎日全ページ読みこなそうと思うと、考えただけで圧倒されて、読む気もそがれてしまい、結局は全然読めなくなったりして、積み上げられた新聞の山に後ろめたさを感じたりしませんか」

「そうなんですよね。いつも意気込みだけはあって、全部読むぞと思って、買ってくるんですが、とても全部読めなくて、ほっといちゃうんですよね。そして罪の意識に悩まされる」

「そう、それは誰にでもよくあることですね。所詮、毎日英字新聞を全ページ読もうというのは大変なことで、ましてや、いちいちたくさんの単語を調べなければ理解できない状態では、一日分だって、とても全部読む時間はありませんね」

「そうなんですよ。もっと時間があればいいんですが」

「そうやって時間がないことを言い訳にもできるわけですし」

「はあ、すみません」

「そこで、テーマ別勉強が、時間的余裕のない中でも、自責の念を持たずに目に見える効果を着々とあげる方法なのです。新聞記事の中でも何日か、あるいは何週間と続いて報道されるようなテーマを選んで、同じテーマの記事を続けて読むようにしたらどうでしょう。今、佐藤さんもご自分でお気づきになった通り、一度調べた単語が、次に読んだ記事に出てくれば、すぐ分かりますね。一部は翌日になったら忘れてしまうものもあるでしょうが、それ

をまた前の日の単語帳で確認するなどして、繰り返し読めば、分からない言葉の意味も記憶の中に定着します」

「それは、そうですね」

「そうやって、一つのテーマに絞って、毎日のように続けて勉強するのが、テーマ別勉強法なのです。語学の勉強は、欲張らず、しかし、こつこつと根気よく続けることが、効率を上げるコツです。単語だけではなく、毎日同じテーマを追うことで、内容についての知識も積み重ねられるので、さらに理解が増していくのも学習効果をあげるもう一つの要因です」

*

[佐藤さんが新しく調べた箇所]
1. overwhelming　圧倒的な
2. a new majority　新しい多数派
3. the worst nightmare　最悪の悪夢
4. earned him all 30 delegates　30の代議員全員を獲得
5. at stake　(ミシガンで)争われる(代議員数)
6. enough to assume the lead in the race for national delegates
   全国の代議員獲得競争でリードするに足るだけの数の代議員を獲得
7. to date　今日までのところ
8. nominate (a candidate)　(党としての大統領候補を)選ぶ
9. the Republican convention　共和党全国大会
10. a vital recovery for him　(マケイン氏にとって)重要な失地回復
11. just three days after his 11-point loss to Bush in South Carolina
    サウスカロライナでブッシュ氏に対して11ポイントのリードで敗北してからわずか3日後
12. exit polls　出口調査
13. those numbers were swelled　数が膨らんだ
14. electorate　有権者(地域全体の有権者)

*

「先生、辞書で調べたら『代議員』とか、『党の候補者』とかと、言葉は分かっても、今一つ何のことか意味がよく分からないんですが、やはり、アメリカの選挙制度自体がよく分かっていないですよね」

「そうですね。言葉は内容が分かって初めて意味を成すものですから、話の内容、ここでは大統領選挙制度を知らないと意味がつかめませんね。アメリカの大統領選では、まず、基本的には、民主、共和それぞれの党内で候補者

が名のりを挙げ、党内の候補者を一本に絞るための選挙が各州で行われます。それが各州の予備選や党員集会 caucus というものですが、各州では実際には夏の全国党大会で正式に党の大統領候補を選ぶため投票をする『代議員』delegates という人たちを選ぶんです。候補者は各州で勝利するごとに、この代議員獲得数が増えていきます。州によっては winner-take-all system といって、予備選で勝った方の候補がその州の代議員の全てを獲得するところと、候補者の得票率で、獲得代議員数の割り当てが決まるところがありますが、最終的な党の候補は、こうして割り当てられた代議員が全国大会で所定の候補に正式に投票することで、党の正式大統領候補が決まります。これを『nominate the party's presidential candidate 党の大統領候補を指名する』といったり、『win the party's nomination 党の指名を獲得する』というわけです」

「そういうことですか。それで、ようやく話が見えてきました」

「では、ちょっと、大変でしょうが、最後にもう一本記事を読んでみましょう。こんどは半分くらいに記事を切って、短くしてありますから、かんばってみてください」

【読者の皆さんも、もうひとがんばりしてみましょう。前と同じように下線とマーカーをつけます】

*

2000 年 2 月 25 日付 *The Japan Times*
Battle for Republican nomination moves west
　LOS ANGELES (AFP-Jiji) — A **reinvigorated** John McCain and a **reeling** George W. Bush headed west Wednesday to fight the next big battles for the Republican presidential nomination.
　The latest round in what is proving to be **a roller coaster** primary season produced **a new front-runner** when McCain **trounced** Bush in the Michigan and Arizona primaries Tuesday.
　Bush, addressing supporters at a **rally** in Los Angeles on Wednesday, dismissed **this latest setback as a "glancing blow."** He predicted he would win in the most important states holding their primaries next month; California, New York, Texas and Florida.
　McCain's sizable wins Tuesday appear to have re-established the momentum the Arizona senator gained with his surprise victory in the Feb. 1 New Hampshire vote.

SESSION 8: テーマ別勉強法

That **was punctured by Bush's South Carolina win** Saturday, but in Michigan, independent and even Democratic voters rallied once more to McCain's **reformist banner**.

"We won last night in an overwhelming and **phenomenal victory** that, according to many observers, has not been seen in a long time," a **jubilant** McCain told supporters **at a stop** in Illinois.

*

［佐藤さんの作業］
1. Battle for Republican nomination moves west　共和党の指名獲得競争が西へ動く（西部の諸州で予備選が行われるということ）
2. reinvigorated John McCain　元気を取り戻したマケイン氏
3. reeling George W. Bush　（敗北に）動揺するブッシュ氏
4. a roller coaster primary season　ローラーコースターのように予備選の結果が激変している予備選シーズン
5. a new front-runner　選挙戦で新たに第1位になった候補
6. trounced (Bush)　打ちのめされたブッシュ氏
7. rally　集会
8. dismissed this latest setback as a "glancing blow."　今度の逆転を一時的敗北として取り合わない
9. was punctured by Bush's South Carolina win　ブッシュ氏のサウスカロライナでの勝利に台無しにされた
10. reformist banner　改革派の旗印
11. phenomenal victory　驚異的勝利
12. jubilant　元気のいい
13. at a stop　立ち寄った場所

*

「さすがに、ちょっと疲れましたが、引っかかったのは珍しい形容詞なんかが多かったと思います。調べているうちに新しい言葉をずいぶん発見したような気持ちになってうれしいですし、こうやって続けてやると、成果がでている感じがして、いい気分になりますね」

「そうでしょう。実際に成果は上がっているんですよ。これをしばらく続ければ、大統領選の制度についての知識も、用語もしっかり身につくはずです」

「そうでしょうね。分かってくると、やっぱりうれしいですよ」

「そう、それが、テーマ別勉強法のねらいなんです。人間は何でも分かって

くると、うれしくなって、もっと勉強したいと思うようになり、さらに勉強が進みます。そうすると、ますます成果が上がっていくわけで、勉強のよい循環を生み出します。そして、勉強も楽になりますね。雪だるまのように効果がどんどんあがりますよ。最初の辛抱さえできれば、そして、適切な勉強方法で、上手に努力を転がしていけば、目に見えてずっと効果があがるのです」

「テーマ別勉強法は、優れものですね、先生。なんだが意欲が沸いてきました。これから、一人でも勉強を継続できそうな気がしてきました」

「それは何よりです。あわてず、焦らず、一歩一歩でいいんですから、今の前向きの気持ちを忘れずに、がんばってください」

「はい、これからは英字新聞を買っても、全部読まなくてもいいんだ、記事を一本読めばいいんだと思うと、すごーく気持ちが楽ですよ。何でも、考え方一つって感じですね」

「そのように考えられれば、先は明るいですよ。私たちも、佐藤さんの今後の幸運を祈ります」

Final Conference と
講評

院長: それでは佐藤雄太さんについて受講終了時の会議を開きます。まずリュウコ先生からこれまでの経過を報告してください。

リュウコ: 治療計画に示したように、佐藤さんの診断名は音声訓練の不足、学校英語型逆戻り理解への執着、情報処理訓練の不足の三つでした。音声の知識があまりに不足していたので、ここで訓練をしても力が伸びる可能性が薄いと見られたため、特別に音声訓練を行って様子を見ることにしました。ここはユミコ先生に説明していただきます。

ユミコ: 年齢が39歳と高く、会社では管理職として部下を指導する立場にある人なので、音声の口まねという単純な訓練に反発されるかと心配していたのですが、意外に抵抗はありませんでした。聞き取りの基礎訓練になっただけでなく、ご自分の発音も一部矯正できました。母音はずいぶんよくなりました。r, l, w のような子音は難しいのですが、th はおおむねできるようになりましたし、アクセントやイントネーションにもいくらか改善が見られました。大人になってから発音を治すというのは不可能のように言われていますが、そんなことはありません。理論的に説明をすれば子供よりよく理解できるし、柔軟な人なら面白がって発音練習もしてくれます。あたまからダメだときめつけるのはよくないと思います。

アキラ: そうですね。たとえばイントネーションもデモンストレーションだけより、内容語はリズム強勢を受けるが機能語は受けないという原則を説明した方がはるかに練習効率が上がります。これは、対照群と比較したいくつもの研究で実証されています。

院長: リスニング診断表によると、佐藤さんは「単語は知っているが音と結びつかない」「いくつかの単語がかたまって知らない音に聞こえる」という特徴が強く出ていますから、音声の誤解を解くことは最優先課題でしょう。ここはわれわれの狙い通りの治療効果があったわけですね。

リュウコ: それ以上だと思います。次にディクテーションをやってもらった

のですが、短文の聞き取りにはあまり問題はありませんでした。つまり、佐藤さんはリスニングはできる人だったのです。

院長： えっ？ どういうことですか。よく分かりませんね。

ユミコ： つまり、単語を耳から拾うことは本人や私たちが予想したよりよくできるが、意味を空中でキャッチできない。

アキラ： ますます分かりませんね。

リュウコ： 具体的に言うと、書き取ることはできる。書いたものを読めば意味はほぼ分かる。しかし、聞きながら意味を理解できないということです。これができなければ聞き取りの理解はできません。

院長： なるほど。診断表の「単語は分かるのに文全体の情報が把握できない」という項目に該当しますね。しかし、佐藤さんは「文法など構文が分からない」ということはないのでしょう。

ユミコ： はい。文法はお得意で受験参考書によく出ているような説明をされました。読むのは得意だとおっしゃっていましたが、なんとなく数学の問題を解いているような感じで、情報をどんどん取り込んでいくという読み方ではないのです。一言で言えば、彼なりにかなりのエネルギーと時間を投資して身につけたものはあるけれど、実際に使うときに必要なスキルとずれているのです。りんごの皮も満足にむけない金のナイフみたいなもので、飾っておくのにはよいでしょうが、スーパーマーケットで売っている実用的なナイフ並みの切れ味がなければ役に立ちませんよね。

院長： それで順送りの理解の指導に力を入れたというわけですね。報告書によるとずいぶん成果が上がったようですが。

リュウコ： これは佐藤さんにとってきっと大きな転換点になったと思います。ただものすごく苦労しました。なにしろ頑固で融通がきかず、プライドが高いときていますからね。

アキラ： 社会的に認められた仕事も地位もある男ならそれは当然でしょう。けっこうまいっていたなあ。僕、一度レッスンを終えて帰る佐藤さんとお会いしたことがあるんです。訓練もきついけれど先生もきついとこぼしていらっしゃったので、「それは同感です。ごもっともです」と言っておきました。

ユミコ： アキラ先生、それはどういう意味なの。私たちは佐藤さんにもアキラ先生にもいつもとってもやさしくしているじゃない。

院長： 聞き流しておあげなさい。そういう愚痴を聞けるというのは佐藤さんが精神的に健康な証拠なんですよ。先生方と訓練を信頼し自分の力の不足

も十分認識している。しかし精神的に追い詰められることもなく、アキラ先生を見かけて愚痴をこぼす余裕もある。それぐらいでないと何事もなすことはできません。
アキラ：　さすが院長。僕がここでがんばれるのもタフな精神力があってのことと見抜いておられる。
リュウコ：　オホン、本題に戻りますと、佐藤さんは聡明な方なので筋道を立てて話せばとてもよく理解してくださいましたし、訓練を積むうちに納得がいったようです。今では文頭からの順送り理解はほぼ会得されていて、あとは訓練あるのみです。
院長：「早口になるとついていけない」「繰り返されると理解できるが一回では無理」という点についてはどうですか。
リュウコ：　スピードが速くなると聞き取りにくいというのは誰にでもあることですが、佐藤さんの場合は知識やロジックの点でついていける話題であれば、ゆっくり話された場合と比べて著しく聞き取り能力が落ちるということはありません。それよりも知らない単語や納得できないパラグラフに気を取られて集中力をそがれる方が問題だと思います。
院長：　外資系企業の面接のシミュレーションをしたそうですね。
ユミコ：　これには大変感謝しておられました。テープではなく生身の人間の話を聞いて反応するのですから、話し方や表情も手がかりになります。また、簡単な聞き返しのコツもお教えしたので、聞き取れない箇所があっても落ち着いて振る舞えるようになりました。受身ではなく能動的に聞くことの大切さをより深く理解されたと思います。絶対的な聞き取りの力はまだ高いとは言えませんが、これからの努力で大きな進歩が期待できると思います。
院長：　お二人ともご苦労様でした。それではもうお見えになっていると思いますので、私から全体の講評を差し上げてコースの終了といたしましょう。

院長講評

「佐藤さん、長い訓練でしたが熱心に受講され、講師一同、深い敬意を抱いております。お疲れさまでした」

「いいえ、こちらこそ。先生方には本当に辛抱強くお教えいただいて感謝しています。今日で最後かと思うと名残惜しくて」

「おおよそ人の能力開発は、99パーセントまでがご本人の努力によるもの

であって、講師ができるのは道筋を示すことだけなのです。佐藤さんの聞き取りの力は最初のレベルとの比較で言えば、プラス3、つまり当クリニックの改善指標で一番上のランクに相当します。おそらく、かなり時間をとって勉強されたと思いますが、お仕事をしながら訓練を受けるのは負担だったのではありませんか」

「はい、正直に申し上げて最初の一ヵ月は大変で、睡眠時間が4時間ぐらいしか取れないこともありました。しかし、これしきのことができないようでは自分の望むような生き方はできない、自分を試すチャレンジだと思ってがんばりました。そのうち先生方のおっしゃっていることが徐々に分かり始めると訓練が面白くなり、ずいぶん楽になりました」

「訓練の過程では、厳しい言い方をしたこともあったと思いますが、佐藤さんの力を伸ばして差し上げたいという講師の熱心さの表れと受け止め、どうぞお許し願います」

「とんでもないことです。私こそいろいろ失礼なことを言って申し訳ありませんでした」

「佐藤さんからは、訓練の間に何度かこのリスニング・クリニックについてご質問がありました。このクリニックの運営はあくまで非公開なので、どうぞ他の方にお話しいただくことのないようにお願いします。実は私たちはGNCPという世界組織のメンバーなのです。Global Network for Communication and Peace は『平和は円滑なコミュニケーションによって実現される』という精神に基づき、様々な活動をしています。私たちが通訳の仕事をしているのはその国のコミュニケーションのあり方をもっともよく観察できる機会があるからであり、リスニング・クリニックも研究活動の一環なのです。このような説明でご理解いただきたいのですが」

「ありがとうございます。好奇心からつまらない詮索をしてすみませんでした。ただ、もうひとつだけ教えてください。そのような立派な組織をなぜ秘密にしなければいけないのですか」

「佐藤さん。世の中には人々の無知を利用して権力を握ろうとする人がいます。人々が対立している方が都合がよく、理解しあうとむしろ困る人たちがいるからです。ですから、このことはこれ以上お聞きにならないでください」

「承知しました」

「これからはお一人で勉強を続けていかれるわけですが、すでに講師から助言を受けておられると思います。佐藤さんのこれからの人生が希望に満ちたものとなるようお祈りしております」

PART II

★ 山田早紀 編 ★

ENGLISH LISTENING CLINIC

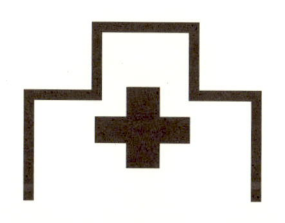

SESSION● 1
語彙の重要性に気づく

ショック！
　「いいですか、アキラ先生。私、初回はいつもの通り荒療治で行きますからね」
　「いいでしょう。特にこの生徒さんの場合は、多少、揺さぶりをかけた方がいいと思いますから」
　「あ、来たようですね」

＊

　「山田さん、場所はすぐ分かりました？」
　「ええ、全然迷いませんでした。不思議なくらい。いつもは方向音痴なのに...まるで何かに誘導されるかのように着いてしまいました」
　「幸先のいいこと。レッスンもスムーズに行くことを願って、さあ、ご紹介しましょう。こちらはアキラ先生、当クリニックのブレーンです。あなたのレッスンは私たち二人で担当します。毎回どちらかがメインになって」
　「よろしくお願いします。(ブレーンだか何だか知らないけど、ナニ、この格好！　もじゃもじゃ頭とよれよれ白衣)」
　「アキラです、がんばってください」
　「はい、がんばりまーす！(声はなかなか魅力的だわ) それにしてもアキコ先生、東京にこんなところがあったなんて、私、今日は二度びっくりでした。まず最初は、外回りの塀、ツタのからんだあの高ーい塀。何かどこかのお話にでも出てきそうで、そう、こういうのこそ、ほら『コショク(古色)・ソウゼン(蒼然)』って言うんですか。でも中に入って二度びっくり。外からは想像もつかない超モダンな建物で、まるで宇宙都市に来たみたいでー」
　「でも居心地は満点でしょ。さあ、山田早紀さん、時間もあまりないので、さっそくレッスンに入りましょう。バックグラウンド審査を担当してくださったリュウコ先生たちとも相談して、まず最初のレッスンは『語彙の強化』と決めました」

SESSION 1: 語彙の重要性に気づく

(語彙、つまり単語のことよね。ウーン、イヤだな、単語覚えるの苦手)

「いろいろ講義をするよりも、さっそく作業に入っていただいた方がいいと思います。この文を読んで、分からない単語に印を付けてください。一度ぱっと見て、その瞬間に意味がつかめないような単語は全部」

【読者の皆さんも一緒にやってみましょう】

*

Only a few years ago, pundits were sure that the United States was losing to Asia and Europe, and they advised the United States to emulate the more state-directed economies of Asia and Europe in order to remain competitive. Now the conventional wisdom is that America is number one, and that the rest of the world should follow America's more laissez-faire approach.

In fact, neither caricature is right. Asia was booming and now it is slumping, but it will be back soon. Europe's trouble will persist a little longer, but it too will eventually make a comeback. So you should not underestimate them. Nor should you overestimate America. While the U.S. economy is in a period of robust growth, nothing fundamental has changed. Come the next recession, all this triumphalism will seem silly.

*

(ナ、ナ、ナニ、これは！ ほとんど何も分からない)

「どうしました、早紀さん？」

「はあ...どうやら経済に関することのようですけれど、私、経済が苦手で、その関連の単語もあまり知らないんです」

「いいんですよ、それで。だからこのレッスンを受けていらっしゃるんでしょ。正直に書いてください、知らない単語は全部」

(pundits なんて聞いたこともない。was losing to...lose は『失う』ってこと。『アメリカ人はアジアとヨーロッパに失っていた』？ いったい何を？ emulate なんて知らない。state-directed economies も ??? wisdom は『知恵』、でも conventional は？ それからこの言葉、どう発音するの？ レイセズ・ファイレ？ 知らない、こんなの！ booming はたぶん『ブーム』のことね、『流行』よ。でもいったい何が流行していたの？ slumping は、ああ、そう、きっとスランプのことね、『アジアは今、スランプに陥っている』と言ってるんだ。persist、知らない。underestimate、知らない。robust、

知らない。知らない、知らない、知らない。ああ、みんな知らない。こんな単語知ってるわけないでしょ！）
「では見せてください...ずいぶん知らない語彙がありますね」
「ええ」
「(彼女、相当ショックを受けているみたいね) 確かに中にはあまり見かけないような言葉も入っていますけど——例えば、punditsみたいにね——でも、その他の語彙は経済を専門にしていなくても、新聞を読んでいれば目にする言葉だと思いますけれど。例えばこの『リセッション』なんていう言葉は...」
「...」
「『景気後退』という意味ですけれど、聞いたことありません？」
「あるかもしれません」
「(随分ぶっきらぼうだこと。きっと怒っているのね、今まで英会話学校でちやほやされてきて、あまりこういう目にあっていないから。この人にはやはり、かなり厳しい態度で接しなければ) 山田さん、あなたは会社でアメリカの取引先の社長の通訳を頼まれて、さんざんな思いをしたそうですね。雑談程度のものはうまくやれたけれど、スピーチになると何が何だか分からなくなってしまって」
「そうなんです。だからこのレッスンをお願いしたんです。ああいうスピーチがちゃんと聞き取れるようになりたいと思って。あのときの失敗を是非とも挽回しなくちゃ。だから別に、こういう難しい経済の記事が読めるようにならなくてもいいんです」
「でも、その社長のスピーチには、きっと recession や robust growth、これは『力強い経済成長』ということですが、きっとそういう言葉が出てきたと思いますよ。こういう言葉を使わずして、今の経済や会社経営について語るのは不可能ですから」

受信語彙と発信語彙

「そうでしょうか？ だいたい日本の英語教育って、単語や文法のことを重視しすぎると思いませんか。そんなに単語を知らなくても、それに複雑な構文なんか知らなくても、英語はしゃべれると思いますけど」
「そう、おっしゃる通りです、しゃべるぶんにはね。人によると、1000語ぐらい知っていたら、十分に意志の疎通ができる、と言う人もいます。全く

SESSION 1: 語彙の重要性に気づく

その通りです。あなた自身の発言は、あなたがコントロールできる。1000語しか知らないのなら、その1000語程度の英語で話せばいいんです。発音がnativeなみにきれいだったら、1000語程度の英語でも、『ああ、この人英語がペラペラだ』と相手を感心させることだってできますよ。でもね、相手の英語をコントロールすることはできないでしょ」

「はあ？　どういうことですか、それは」

「つまりね、しゃべるときは自分のレベルに合わせてしゃべれても、聞くときは相手の英語のレベルに自分を持っていかなければならない、ということです。英米の知識人は1000語、2000語どころか、1万語、2万語を使いこなすと言われている。そういう人たちの話を聞くときは、こちらも1万語、あるいは2万語を知っていなければ。自分からは使えなくても、聞けば分かるという、いわゆる『認知語彙』、あるいは『受信語彙』としてそれぐらいのものを持っていなければ。communicationって、発信だけじゃなくて、受信でもあるのだから」

「(そう...そういう考え方はしなかったけれど、でも、そう言われてみると...) 確かにそう言えないこともないですけれど...」

「もちろん語彙だけがすべてじゃないわ。ちゃんと話が聞けるようになるには、その他にもいろいろなことを習得していかなければならないけれど、『おしゃべり以上の英語』『会話以上の英語』をめざして、特にあなたのように『英語力を生かせる専門職につきたい』という人にとっては、まず語彙がスタートです」

「語彙がスタート...」

「そう。知らない単語は10回聞き返しても、聞けるようにはならない。分かるようにならない。punditというのは『専門家』とか『学識者』という意味だけれど、そもそもこの単語を知らなければ何度聞いても意味は分からないままでしょ。繰り返し聞いているうちに、banditなんかに聞こえてきて、たまたまその意味を知っていたら、とてもコッケイなことになってしまう。知ってますか、banditの意味？」

「いえ...」

「『追いはぎ』とか『山賊』っていう意味よ。『学識者』が『山賊』にされちゃう」

「ウフフ...」

(ちょっと気持ちが和んだみたいネ)

「でも、先生、1万語、2万語なんてすごい数ですね。永遠に覚えられない

わ、そんなに」

「でもそれは『受信語彙』のことで、『発信語彙』はもっと少なくていいのよ」

「そうですね...じゃあ、先生も単語帳を作っていらっしゃるんですか」

「もちろん。経済だとか軍事だとか、あるいはもっと細かく日米経済問題、日米安保問題などいろいろ分野別に分けた語彙帳。その他に、そういう専門分野に属さない、いわば『一般語彙』を集めた単語帳を作っています。さっき印をつけてもらったあの文だって、そういう一般語彙、どこにでも出てきそうな語彙がずいぶん入っていたわ。robust. 経済だけじゃなく、in robust health と言えば『健康状態がきわめて良い』ということだし、emulate は『〜をまねる、〜から学ぶ』といった意味でよく使う動詞。 persist もよく使われます。『しつこく続く』とか『根強く残る』といった意味で」

「じゃあ、これから私もそういう分野別の単語帳と、一般語彙の単語帳を作っていくんですか？」

「別々のノートに分ける必要はないかもしれません、当面のところは。でも、単語帳は作っていただきます。ちょっとこれを見てください」

*

[一般語彙]
(動詞)	lose to	〜に負ける
	emulate	〜をまねる、〜から学ぶ
	underestimate	過小評価する
	overestimate	過大評価する
	persist	根強く残る、持続する、固執する
(名詞)	pundit	専門家
	caricature	諷刺(漫画、描写)
	triumphalism	勝利ムード、凱旋気分
(形容詞)	competitive	競争力のある
	conventional	従来の、因習的な
	conventional wisdom	一般通念
	robust	力強い、たくましい

[経済用語]
state-directed economies	国家による統制経済、計画経済
laissez-faire	自由放任経済、レッセフェール

SESSION 1: 語彙の重要性に気づく

```
(be) booming          好景気にある
(be) slumping         落ち込んでいる、不振
recession             景気後退
```

　　　　　　　　　　　＊

「さっきの文から、少しでもつまづきそうな語彙を全部取り出して、分類して並べたものです。当面のところは、こんな単語帳でもいいでしょう。大切なのは、なぜここまで語彙に固執するかということ。それはね、知らない語彙が出てくると、しかもそれが次から次へと出てくると、語彙を追うことに力がそがれてしまって、文の内容をフォローすることまでとても手が回らない、いえ、頭が回らないという現象が生じてしまうからです。所詮、他人が書いたりしゃべったりしていることでしょ、全部単語が分かっていても、内容を理解するのは簡単なことじゃないんですよ」

「でも先生、そうやって単語帳を作って、知らない単語はみんな調べて書き込んでいって、そして覚える努力をして、なんていうことになると、もう気楽に英語を聞いたり読んだりできなくなってしまいますよね。ゴロッとベッドに寝っころがって目を通すなんてことは」

「そういうこと、よくあるんですか？」

「よく、というわけじゃないけれど、でもアメリカのファッション雑誌やインテリア雑誌なんか時々買って、楽しんでいます」

「それはとてもいいことよ。読むということ、特に『多読』に関しては、コースの後半で用意していますからそのとき触れますが、辞書も何も引かず楽しみながら乱読するというのも大切です。でも、それだけではいつまでたっても確固たる進歩は期待できない。多読プラス精読、その両方が必要なの」

「はあ...」

　　　　　　　　　　　指導記録

このあと山田早紀にはもうひとつかなり長い英文を読ませて知らない単語をチェックさせ、「一般語彙」と「専門語彙」に分けて単語帳を作らせた。stagnation（停滞）、deficit（赤字）、over-regulated（規制過剰）など知らない語彙が次々と出てきて、せっかく少し直っていた彼女の機嫌は、一気にまた悪くなった。

　　　　　　　　　　　＊

「では山田さん、今日のレッスンはこれぐらいにしておきましょう。次回はアキラ先生がメインで、『読解力の強化』について、ご教授くださいます。次回までの宿題として、今日単語をチェックした文を訳してきてください。それから、ここに書き出してある語彙の意味を調べてくること。クリントン大統領がこの間の訪中時に、香港でしたスピーチから取り出したものです。次回、アキラ先生がレッスンでお使いになりますので」

*

[宿題語彙]

(動詞)	(名詞)	(形容詞)	(副詞)
emphasize	context	critical	inextricably
reiterate	prosperity	vast	
involve	exports		
forge	imports		
strain	investments		
temper	security issues		
bind	financial market		
avoid	living memory		
	dawn		
	specter		
	mission		

*

「それから...」
「まだあるんですか、私、とてもそんなにたくさんできません」
「たかが2〜3ページのことですよ。集中してやればやるほど、後で楽になってきます。この程度で悲鳴を上げているようなら、とてもうちのコースにはついていけませんよ」
「...」
「本当に無理だと思うのなら、やめていただいてもいっこうにかまいません。私たちも忙しいのだから、むしろ、その方が助かります」
「すみません、バカなこと言って。続けます。で、もうひとつの宿題って?」
「この文を読んで、単語帳を作って、きっちり訳せるように勉強してきてください。南アフリカのツツ大主教のスピーチです」
「ツツ...(一体誰なんだろう。マンデラさんなら、名前、聞いたことあるけれど)」

SESSION 1: 語彙の重要性に気づく

【読者の皆さんも、やってみてください】

*

[ツツ大主教スピーチ]

Thank you very much. Minister Andrews said, "Well, he doesn't need to be introduced." A lady rushed up to greet me in San Francisco, and she said, "Hello, Archbishop Mandela." (laugh). Sort of getting two for the price of one. (laugh).

I want to say, what we have learned in this century is that human beings are awful. But we also learned that human beings are wonderful. (applause). We, the people, have helped to end slavery. We, the people, have helped to end the Holocaust. We, the people, have helped to end the vicious system of apartheid. It's people, so-called ordinary people right around the world, people who are part of the anti-apartheid movement, students, women, all kinds of different people, tall people, short people, fat people, not-so-fat people, beautiful people and not-so-beautiful people, all of us together, people outside of South Africa and people within South Africa, we won this great victory. And on behalf of all of our people back home, I want to say to you, and to all of those out there, "Thank you. Thank you. Thank you." We won a great victory. Our victory is your victory.

And if anyone were to tell you that people are impotent, that people are weak, say to them "You lie," because we destroyed apartheid. (applause).

And if we could end slavery, we could end Nazism, the Holocaust, if we could end apartheid, what is there that we can't end? If we are determined we have the capacity to end war. (applause).

Let us say now, all of us here, let us say so that the world can hear, let it reverberate through this roof, let it go to every part of the world, to NATO, to Yugoslavia, everywhere, we say to war, "No!" "No!" No, no, no, no, no, no, that is, that is, they can't hear you, they can't hear.

What do you say to war? "No!"

And we say, what do we say to peace? "Yes!"

What do we say to war? "No!"

What do we say to peace? "Yes!"
What do we say to love? "Yes!"
What do we say to justice? "Yes!"
What do we say to oppression? "No!" (kiss & applause).

コーヒーブレイク

「お疲れさまでした、院長。コーヒー入れておきましたから一息入れてください」

「ありがとう、アキラ先生。甘やかされて育ってきたお嬢様のお相手は疲れますね。なだめたり、すかしたり、おどしたり」

「でも彼女、けっこう勝ち気で上昇志向の強い人だから、そういう手法がうまくいくんじゃないですか。『ショック療法』でつぶれてしまう人じゃなさそうですから」

「そうね。神経はかなり太そうだから、少々たたかれても、シュンと萎んでしまうことはなさそう。むしろ『ナニクソ！』ってやる気を出すみたいで」

SESSION 2
理解の前提としての文法構造
読解力の強化

リーディングと英文解釈の違い

「こんにちは。ずいぶん日が短くなりましたね。前回アキコ先生からお話があった通り、今日からすこしリーディングをやってみます」

「リーディングですか。それ英文解釈とどう違うんですか？ それにリスニングと何か関係があるんでしょうか」

「英文解釈って、訳読のことですね。違いますよ。一応日本語に訳してはもらいますが、それは君が理解しているかどうかを知りたいからなんです。そうしないと、ほら次の4つの中から内容があっているものを選べ、なんていう入試問題みたいになってしまうでしょう」

「でも同じに思えますけど」

「いいえ、違います。この際日本語の訳はへたでもいい。へたでもとにかく訳せば理解してるかどうかすぐにわかるでしょ。君が正確に理解していることが分かればそれでいいんです。それにね、これはリスニングのためのリーディングなんです。君だって英字新聞とか *Time* とか *Newsweek* がろくに読めないのに、リスニングだけうまくなるなんて思っていないでしょう。

結局、リーディングもリスニングも入ってくる英語の情報を順番に処理していくという点では同じですよね。一方は目から入ってきて、もう一方は耳から入ってくるという違いはあるけど。アキコ先生が語彙について説明したよね。語彙をたくさん知っているということは情報処理がそれだけ速くなることです。でもそれだけでは不十分なんで、その語彙が並べられた文章をスピーディに処理することが、リスニング上達の王道っていうか、前提なんですよ」

「ああ、なんとなく分かります。私はゆっくりしたスピーチならだいたい聞き取れるのに、スピードが速くなると聞き取れないんです。きっと情報処理が遅いからなんですね」

「まあそうです。でも、情報処理って言ったけど、結局はうまく分析して理

解するという意味です。分析というのは、まず構成素構造をしっかりとらえることで...」
「は？　清掃工場...ですか」
「そうじゃなくて、構成素構造！ああ、ゴメン、えーと、何ていうかな、要するに文法構造のことです。文の構造を正確に捉えること、これが理解の前提です」
「文法って、高校でさんざん記憶させられまくったあれですかー」
「その『...しまくる』っての、やめましょうね。それと語尾を延ばすのも」
「...はい」
「もちろん文法構造なんか意識しなくてもスッと分かれば問題ないんですが、最初からそんな人はいません。最初は分析を意識的にやってその方法を覚えます。それを続けていけば、だんだん分析してるんだなんていちいち意識しないで理解できるようになるんです」
（なんだかしち面倒くさそうな話。それに、これまで英会話学校で native の先生に言われてきたこととまるで正反対よ...）
「どうしましたか。不満そうですが」
「不満というわけじゃないんですけど、ただ、これまで言われてきたこととあまりにも違うので...日本人は文法にとらわれすぎる。あそこに be 動詞があって、これは過去分詞だから...とか、なんとかかんとか、文法に沿って分析ばかりしているから自然な英語が話せるようにならない。英会話学校の先生にそう言われてきたんです。もっと直感で覚えろ、体で覚えろって」
「それはごく簡単な Ｓ＋Ｖ＋Ｏ あるいは Ｓ＋Ｖ＋Ｃ の会話文のことでしょう。従属節も入ってなくて、そもそも文法的にも崩れている...たとえば "You wanna coke?" みたいな」
「はあ」
「とにかくひとつ具体的にやってみましょう。宿題が出ていましたよね。クリントン大統領のスピーチからとりだした語彙」
「はい、これです」
「で、こちらがそのスピーチの原稿です。意味は言わなくていいから、とにかく読んでごらん」
「そうですか？　じゃ、やってみます」
【皆さんも読んでください】

*

SESSION 2: 理解の前提としての文法構造／読解力の強化

I thank you for giving me a chance to come here today to talk about the relationship between the United States and all of Asia. I have had a great deal of time to emphasize the importance of our future ties with China and I would like to reiterate them today and mention some of the points that the two previous speakers made. But I would like to put it in the context of the entire region. And, after all, it is the entire region that has been critical to the success of Hong Kong.

We have a fundamental interest in promoting stability and prosperity in Asia. Our future is tied to Asia's. A large and growing percentage of our exports, our imports and our investments involve Asian nations. As President, besides this trip to China, I have been to Japan, Korea, Indonesia, the Philippines, Australia and Thailand, with more to come. I have worked with the region's leaders on economic, political and security issues. The recent events in South Asia, in Indonesia, in financial markets all across the region remind the American people just how very closely our future is tied to Asia's.

カギは動詞の性質

「どうでした？ 難しいと思ったところ、ありますか？」

「単語を調べてあったから助かりました。でも最後の文章ちょっと迷いました。『最近の南アジアやインドネシアや地域全体の金融市場の出来事』というのが主語で、remind が動詞だなということはすぐ分かったんですが、そのあとちょっと考えてしまいました。あ、もちろんすぐ分かりましたよ。『アメリカ国民にわれわれの未来がアジアの未来といかに密接に結びついているかを思い出させた』ってことです」

「そうです。その考えてしまったところというのは、たぶん動詞 remind が取るパターンの判断で迷ったんだと思う。remind は普通は remind A of B で、『A に B を思い出させる』というパターンを取るんですが、実は remind A that... という形もあるんですね。この文では that... のところが just how... になってますが。こういういくつか可能性がある場合には当然ためらいます。きっと山田さんは無意識に remind A of B のパターンを予想していて、それが違ったので時間がかかったんじゃないかな。でもこれはネイティブスピーカーでも同じですから気にしなくていいです。こうい

うふうに動詞はその先にどんな要素をとるか、パターンがだいたい決まっているんですね。リーディングやリスニングではそれを最大限に利用します。だから動詞の性質をよく知ることはとても大切です。

　じゃ、次のパラグラフいきますが、その前にさっきのパラグラフを僕が簡単に訳しておきますから、自分の理解が正しかったかどうか確認してください」

*

　私は感謝する/今日ここに来る機会を与えてくださり/アメリカとアジアのすべての国々との関係について話せるようしてくださったことを。私は実に多くの時間を費やして/中国と我が国の将来の関係の重要性を強調してきた。今日私はその点を繰り返し述べ/そして今二人の方がお話になった点にも触れてみたい。ただ私はアジア全体との関係で話をしたい。結局のところ/このアジア全地域こそ/香港の成功にとって不可欠だったのだから。

　私たちの基本的な利害は/アジアの安定と繁栄を推し進めることにある。私たちの将来は/アジアの将来と結びついている。アメリカの輸出と輸入、投資のかなりの部分は/アジアに関連しており/その比率は増えている。大統領として/今回の中国訪問の他にも/私はこれまで日本や韓国、インドネシア、フィリピン、オーストラリア、タイなどを訪れた。そして今後も訪問の予定がある。私はこの地域の指導者たちと/経済、政治、安全保障の問題で/協力してきた。最近の南アジアやインドネシアの出来事/アジア全域にわたる金融市場の出来事は/アメリカ国民に/我が国の将来がいかに緊密にアジアの将来と結びついているかを/思い出させた。

*

「じゃ、次のパラグラフやってみましょう」

*

Over the course of two centuries, the United States and Asian nations have built a vast, rich, complex, dynamic relationship — forged in the beginning by trade, strained on occasion by misunderstanding, tempered by three wars in living memory, enriched by the free flow of ideas, ideals, and culture. Now, clearly, at the dawn of the 21st century, our futures are inextricably bound together, bound by a mutual interest in seeking to free future generations from the specter of war. As I said, America can remember three wars we have fought in Asia. We must make it our mission to avoid another.

SESSION 2: 理解の前提としての文法構造/読解力の強化   121

*

「あの、最初の文の forged からがよく...forged は『作りあげた』とか『生みだした』という意味だけど、『貿易や...誤解を生み出した』ということだと変だし...あ、そうか、分かった！ 全部過去分詞ですね」

「そうです。forge, strain, temper, enrich という4つの動詞が続いているところですが、forged を聞いただけでは過去形と過去分詞形の可能性があるわけです。でもすぐに by が来ますから、過去分詞だということがわかるはずです。目的語もありませんしね。だから『(その関係は)始めは貿易によって形づくられ、時に誤解のために緊張し、記憶に新しい3つの戦争により鍛えられ、アイディアや理念や文化の自由な流通によって豊かになった』ということです。実際のリスニングでは forged in the beginning by trade まで一気に聞いてしまいますから、迷うことはないはずです。ものすごくゆっくりしゃべるスピーカーなら別ですが。じゃ後半訳してみてください。これなら短いから大丈夫でしょ？」

*

Now, clearly, at the dawn of the 21st century, our futures are inextricably bound together, bound by a mutual interest in seeking to free future generations from the specter of war.

*

「はい。『今明らかに21世紀の夜明けにあたり、私たちの未来は一緒に』...一緒にじゃおかしいか」

「いいです、いいです。inextricably bound together は『分かちがたく結びついている、一体化している』という感じです。それで？」

「...ええと、『相互の利益で...将来の自由な世代を求める相互利益...戦争の specter、つまり亡霊から』...あれ、おかしいな」

「あのね、free は動詞です」

「あ、わかりました。free...from ですね。『将来の世代を戦争の亡霊から解放することを求めるという共通の利益で結びついている』ですか」

「そんなところですね。free を形容詞だと思ったのが間違いの原因ですが、いまさら言うのも何ですが、seeking to free...と to があるでしょ。ここはちょっと面白いんです。interest は interest in 〜ing の形、seek は seek to (do) の形、free は free 〜 from...の形になる可能性が高い、少なくともそういう形になる可能性があることをよく知っていれば、interest in ...seeking to...free [future generations] from...the specter of war

と、数珠つなぎのように次々と細かく予想できるんです。じゃ、最後の文章いきましょうか」

接触節の見きわめ

　As I said, America can remember three wars we have fought in Asia. We must make it our mission to avoid another.

*

　「私が言ったように...先に言いましたように、アメリカは...アジアで戦った3つの戦争を憶えています。私たちはもう一つの戦争を避けることを使命としなければなりません」
　「ちょっとひっかかったようですね」
　「ええ、あの関係代名詞の省略されているところです」
　「はいはい、three wars we have fought. こういうのを接触節とも言います。これは形の上では名詞＋名詞ですから、一応それを目安にして接触節ではないかと見当がつけられるんです。make it our mission to avoid another も形式目的語を使ったパターンとして憶えておくといいでしょう。
　次のパラグラフにいきましょう。また似たようなものが出てきますよ。でもここからは知らない語彙も出てくるかもしれません。宿題でカバーしたのはここまででしたから」

*

　Our oldest ties to Asia are those of trade and commerce, and now they've evolved into some of our strongest. The fur and cottons our first traders bought here more than 200 years ago have given way to software and medical instruments.

*

　「『アジアとの最も古い結びつきは、貿易と通商のつながりです。そして今、それらはわが国の最も強い...』あのう、evolve って何ですか」
　「evolve は進化するってことです。ほら evolution って言うでしょう」
　「『最も強いものに進化しました』これでいいんでしょうか」
　「まあいいでしょう。『それら』という言葉は翻訳や通訳ではほとんど使いませんけど。they というのはここでは『貿易と通商の関係』のことですよね。アジアとの関係 ties は他にもあるけど(たとえば軍事や政治)、貿易・通商関係は最も強い関係の部類だということです。evolve は『進化』と直訳す

るより、『なりました』と言った方が自然ですね」
「...ああ、そうか、これもその、さっきおっしゃった接触節ですね。うーん、主語が長いんですね。『我が国のトレーダー、商人たちが200年以上前にここで買った毛皮...は、ソフトウェアや医療器械に...give way...えーっと、道をゆずりました、つまり取って代わられました』ということですよね」
「うん、なかなかいいよ」

従属節 + 主節

Hong Kong is now America's top consumer for cell phones. Today, roughly a third of our exports and 4 million jobs depend on our trade to Asia. As was earlier said, over 1,000 American companies have operations in Hong Kong alone. And as we've seen in recent months, when markets tremble in Tokyo or Hong Kong, they cause tremors around the world.

*

「cell phones って何ですか?」
「携帯電話のことです」
「へーえ、そんな風に言うんですか! ...それから、tremors は?」
「揺れです。地震の揺れや震動、衝撃のことです」
「ああ、それならここはすっきりわかりました。訳してみます。『香港は携帯電話では、アメリカのナンバーワンの消費者だ。今日われわれの輸出のおよそ3分の1と400万の仕事が、アジアへの貿易に頼っている。前に言われたとおり、香港だけでも1000以上のアメリカ企業がオペレーションを持っている。そして最近数ヵ月に見たとおり、東京や香港のマーケットがふるえると、それは世界中に揺れを引き起こす』」
「そうですね。でもここは典型的なパターンがでてきたので、ちょっと説明しておきます。最後の文を見てください。as と when で始まる従属節が2つあって、その後主節が来てますよね。英語の従属節は普通最初に when とか if とか、〈標識〉がありますからそこから従属節が始まるのがわかります」
(ヒョウシキ? when とか if はヒョウシキ? ソレっていったい何のことなんだろう。それに従属節とか主節とか、アタシ、あんまりピンとこないんだけどな...)

「そうすると当然そのあとに主節のS＋Vが来ることも分かります。日本語ではたとえば『私が...した<u>とき</u>』のように標識が後になるので、そこまでこないとそれが従属節であるかどうかは分かりません。その点、英語は便利といえば便利です。でもね、本当は And as we've seen in recent months, when markets tremble in Tokyo or Hong Kong の部分は、主節がでてくるまで完全には解釈できないので、かなり記憶に負担をかけているんです。主節が先で、従属節が後の場合はそんなことはありません。ですから、従属節が先のパターンの時は、注意を集中して読むようにしないと結局曖昧な形でしか理解できないことがあります。ああ、もちろんリスニングの時も同じです」

「そうなんですか？ あんまり関係ないような気がしますけど。簡単ですよ、ここ」

「エヘン、ま、いいでしょう。次、いきます」

相関語句を利用する

　That is why I have not only sought to ease the Asian economic difficulties, but to institutionalize a regional economic partnership through the Asia Pacific Economic Council leaders meetings that we've started in Seattle, Washington in 1993, and which in every year since has advanced the cause of economic integration and growth in the region.

*

（ウウッ、簡単だなんて言ったとたんに難しくなっちゃった。知らない単語が次から次へと出てきて...sought to ease って何？ institutionalize は？ それに...）

「どうかしましたか？」

「単語が少し分からなくて。たとえば sought to ease」

「ああ、それは seek to ease，つまり sought は seek の過去分詞ですよ。seek to...はさっき動詞の性質について触れたとき出てきましたよね。『...しようと努力する』という意味」

「あ、そうそう、思い出しました。でも ease は？」

「ease は easy の動詞形」

「『簡単にする』？」

「ま、それでもいいですが、『和らげる』とか『緩和する』の方がいいね。今はやりの『規制を緩和する』にも使われます。easing regulations というようにね」

「institutionalize は『研究所にする』、つまり『研究所を作る』ということですか?」

「研究所?? ああ、分かりました。なるほどネ! institution にはたしかに『研究所』という意味もありますが、その他に『制度』という意味もあるんです。だから、institutionalize というと『制度化する』ということです。少し急ぎましょうか、時間がなくなってきましたから」

「はあ...that's why は『そういう理由で』ということですから、『そういう理由で、私は、エーと、アジア経済の困難を和らげようと努力して』あっ、ここには not only...but...という構文も入ってるんですね。アキコ先生がおっしゃった通りですね。知らない単語が次から次へと出てくると、単語だけであっぷあっぷしてしまって構文や文の内容に頭が回らないって。『アジア経済の困難を和らげようと努力するだけでなく』...えーと...ずいぶん後ろに長いですね。『私たちがシアトルとワシントンで1993年に始めて、それ以来毎年、この地域の』...integration って何ですか?」

「(integration を知らないのか?!)『統合』ということです。世界経済ではキーワードになっています。『市場統合』とか『欧州の統合』とか」

「『統合』、はい、分かりました。(絶対に忘れないぞ!)続けます。『それ以来、毎年、この地域の経済的統合と成長の cause を advance している Asia Pacific Economic Council 指導者会議を通じて』...あれ?『通じて、地域的経済パートナーシップを制度化することも...エー、求めてきました』ふう」

「ま、『シアトルとワシントン』は『ワシントン州のシアトル』のことですが、それ以外は何とか理解できたようです。でもちょっと疲れるよね。原因は、われわれ〈訳し上げ〉と言っていますが、後ろからひっくり返すように訳読しているためです」

「そうですね。なんだか、訳したせいでかえって分かんなくなった気がします」

「英文が一つだから日本文も一つでないといけないなんてことはないんだよ。だからここは逆に、訳読をしなければすっきりいくところだね。いずれ触れますが、通訳者が同時通訳をするときには、この文はたぶん、『そういうわけで、わたしはアジアの経済困難を緩和するだけでなく、地域経済パート

ナーシップの制度化も、アジア太平洋経済会議の非公式首脳会合を通じて努力してきました。この会合はワシントン州シアトルで 1993 年に始めたもので、それ以来毎年経済統合と成長という大義を押し進めています』という訳に近いものになると思います」

「スゴーイ！ その方がずっと分かりやすいですね。どうやってするんですか？」

「これは一般に〈順送りの訳〉と言われている方法です。これについては、また今度詳しく取り上げます。

でも山田さんも not only ... but ... のパターンに注目したのはいいと思いますよ。これも一種の先読みというか、展開をかなりの精度で予測する方法で、とても大事なことです。こういうのを〈相関語句〉と言います。英語にはこういう相関語句がたくさんあります。たとえば both A and B / either A or B / too ... to 不定詞 / so ... that S + V / not so much ... as / It is true ... , but ... / hardly ... when などです。リスニングやリーディングに積極的に利用してください。

さあ、それでは今日はこれぐらいにしましょう。できるだけ時間きっかりに始めて、あまり遅くならないうちに終えられるようにしましょう」

指導記録

構成素構造に焦点を合わせ、動詞の性質、接触節、従属節＋主節、相関語句等を取り上げる。割合素直にレッスンについてきて、ふくれたり反抗したりするようなこともなし。ただ語彙は本当に知らない。しかし今日は「知らない語彙がたくさん出てくると、知っているはずの文法規則や構文まで分からなくなり苦労してしまう」ということに自ら気づいたようで、この点は大変よかった。短い文はかなりのスピードで理解できるようだが、3 行 4 行の少し複雑な文になると、まだまだ手こずっている。今後は、知識や勘では対処できず、緻密な分析が要求されるようなリーディングをたくさんさせること。

宿題として、クリントン大統領のスピーチの残りと、クリントンの訪中を扱っている *Time* 誌の記事を出す。語彙帳を作り、ちゃんと訳せるようにしてくること。前回「いやならやめてもいい」と言われたのがよほどこたえたのか、今回はおとなしく「はい」と答えた。

SESSION 2: 理解の前提としての文法構造 / 読解力の強化

早紀のひとりごと

　ふう、やれやれ。大変なことに足をつっこんでしまったなあ。2時間たっぷり絞られて、その上10ページも読んでこいだって！　単語もちゃんと引いて。でもちょっと何か言ったら、あのトトロみたいなアキコ先生がじーっと見つめて「あなた、いやならやめなさい」と言いそうだし。しゃくだからがんばってやるわ。ああ、外はもう真っ暗ね。あら、霧が出てきたのかしら。後ろの建物が見えなくなっちゃった。

SESSION● 3
聞く力の強化
さまざまな英語を聞く

訛りのある英語

「さあ、山田さん、今日は待望のリスニングですよ」
「あー、うれしい！ 何を聞くんですか？」
「前回私のクラスで宿題にツツ大主教のスピーチを出しましたよね。あれを聞きます。語彙は調べてきましたね。スピーチの内容、どこかわからないところ、ありました？」
「1〜2ヵ所、ちょっとよく分からないところがありましたけど...」
「そこは後で扱うこととして、とにかく少し original を聞いてみましょう」
【以下、ツツ大主教のスピーチ (p. 115 の 20 行目まで) が流れます。読者の皆さんは CD No. 20 を聞いてみましょう】

　　　　　　　　　　＊

「いかがでした？」
「すごい訛りですね」
「訛り？」
「ええ、日本人の英語よりひどい」
「ひどい...なるほどねえ。他に感想は？」
「別に...」
「そうですか。訛りがあるのは当然でしょうね、native じゃないんですものね。ツツ大主教ってどんな人だか知っていますか？」
「いえ...」
「調べなかったの？」
「はあ...宿題は、単語を調べて訳せるようにするということだけでしたから」
「そう...ではもうひとつ、テープを聞いてください。こちらは準備なしですから分からない言葉があるかもしれませんが、男女の平等、gender equity に関してです。大体どんなことを言っているのか、およそのところが分かれ

[128]

ばいいです」
　【以下、Fathalla 博士のスピーチが流れます。皆さんも以下の英文は読まず、まず、CD No. 21 を聞いてみましょう】

＊

　And the first message which I would like to share with you is that gender equity is not just a nice thing to talk about. Gender equity is a matter of life and death. Several years ago, the Indian economist Amartya Sen, who was awarded the Nobel Prize this year, published a paper when he was still professor in Harvard University and the title of the paper was "The 100 million Missing Women." He made calculations about the number of males and females, based on the sex ratios and the expectation that you would get if the world was treating boys and girls, men and women, in a fair way.

　Girls are generally born with a biological advantage, because they are entrusted with the function of survival of the species, but then they are subjected to a social disadvantage in many communities which tends to reverse this biological advantage. And he made the calculation that based on this, there are 100 million women missing from the world. And subsequent work by Professor Call, who's a very good demographer, confirmed these findings, although we may not be sure about the exact number, but it is not less than 60 million. And quite close to Japan here, you just cross the waters and you'll get China, Korea, India, and you'll find the practice of pre-natal sex selection: selective abortion of the female fetus, which is something that bears heavily on our conscience as a medical profession because we are partly responsible for it. And this is leading now, in China and Korea, to a skewed sex ratio at birth, where you find many more boys and many less girls. So gender equity, my first message is, gender equity is a matter of life and death.

＊

「さあ、どうでした？」
「はあ、まあ...」
「内容は大体つかめました？」
「あんまり...訛りがひどくて、よく聞き取れないところがありました」

「これぐらいの訛りで聞き取れないというのは困りますね。聞き取れなかったのは単語を知らないから、あるいは文章構造がしっかりつかめていないからじゃありませんか。聞き取りに支障をきたすほどひどい訛りだとは、私にはとても思えませんけど」

「私、日頃 native speaker の英語しか聞いてませんから」

「それは問題ですね、世界には native じゃない英語のスピーカーが大勢いるのですから。世界で一番よく使われている言葉は、Broken English だと言われているぐらいです。先のツツ大主教も、そして今のこの方も...この方はエジプトのお医者さまですけれど、broken どころか立派な英語をお話になる。それに発音も non-native としてはわかりやすい方です」

「私、イヤなんです。なぜ、こんな英語をやらなくちゃいけないんですか。こんなの、聞いても英語の勉強には何の役にも立たないと思います。もっときれいな英語が聞きたいんです、お手本にできるような。発音なんか、まねしてうまくなれるような」

「じゃあ、その『発音なんか、まねしてうまくなった』英語で、あなたはいったい何を伝えるんですか。誰に、何を。大切なのは内容でしょ。あなた、そもそも何のために英語うまくなりたいんですか？ いろんな国の人の考えや心が分かる、そしてまた自分の考えや心も伝えられる。そうなりたいから、外国語を学ぶんじゃないですか？ それを native じゃないから、きれいな英語じゃないからと言って軽蔑するなんて、それこそ偏見もいいところ。native じゃない人の言うことは、聞く価値がないというんですか？ 国連の現事務総長も前事務総長も native じゃありませんよ。もちろん、私やアキラ先生もね。ただきれいな発音でペラペラかっこうよく話せればいいというなら、私たちのところではなく、どこか他の学校にいらした方がいいですよ」

「...」

「このツツ大主教という人は、南アフリカの反アパルトヘイト運動の指導者で、ノーベル平和賞までもらった人です。このスピーチは、1999年にオランダのハーグで開かれた世界平和の大会議でなされたもので、世界中から集まってきたおよそ1万人の参加者が、熱狂的に酔いしれたスピーチです。その感動があなたには伝わってきませんか？ 原稿からは無理だとしても、今のオリジナルの音声から...このあと演説した、かの偉大なイギリスの舞台俳優、Sir Peter Ustinov が、『ツツ大主教は偉大なエンターテイナー（a great entertainer）だ』と絶賛しているほどですよ。後半を聞けば、あなたもなるほど...と思うかもしれませんが。でもその前に、あなたが書いてき

た訳をちょっと見せてください」

＊

［早紀の訳（ツツ大主教スピーチ）］
　Minister Andrews（大臣？　公使？　司祭？）は「彼は紹介される必要がない」とおっしゃいました。ひとりのご婦人がサンフランシスコで私に挨拶するために駆け寄ってきて、「こんにちは、マンデラ大主教」と言いました。(???)
　私は、私たちが今世紀に学んだことは、人間はひどいということだと言いたいです。しかし、人間はすばらしいということも学びました。私たち人々は奴隷制を終えるのを助けました。ユダヤ人大虐殺を終えるのを助けました。人種隔離政策（アパルトヘイト）の悪の制度を終えるのを助けました。
　それは人々です。世界中のいわゆる普通の人々、反アパルトヘイト運動の一部である人々、学生、女性、いろいろと違った種類の人々全て、背の高い人、低い人、太った人、あまり太っていない人、美しい人、あまり美しくない人、私たち全員が一緒で、南アフリカの外の人も南アフリカの中の人も、私たちはこの偉大な勝利を勝ち取りました。そして、私の故郷の人々全員を代表して、私はあなたに、そして外にいるみんなに、「ありがとう、ありがとう」と言いたいです。
　私たちは偉大な勝利を勝ち取りました。私たちの勝利は、あなた方の勝利です。

＊

「訳は少し硬いけれど、内容がちゃんと取れたことを示すには、これで十分ですね。ただ、始めの方の、"Hello, Archibishop Mandela" と、"Sort of getting two for the price of one" のところは分からなかったようですけど」
「ええ、みんながなぜ笑っているのか分からなくて...」
「マンデラさんは南アフリカの大統領だった人でしょう。でも二人ともアパルトヘイト反対運動の指導者だったから、よく間違えられてしまうの。二人をごちゃまぜにしてしまうのよ、このサンフランシスコのご婦人のように」
「あー、そうだったのか。ツツ大主教とマンデラ大統領を合体させてしまって、マンデラ大主教」
「そう。それが分かれば、次のところも分かりやすくなる。get A for B、例えば、I got this scarf for 1,000 yen. と言えば、『このスカーフを1000円で手に入れた』ということでしょ。ここでは "Get two for the price of

one." だからどうなる？」

「ああ、分かりました！『1つの値段で2つを手に入れる』ということですね。『1つ分のお金で2つ手に入れるようなもの』」

「そう、『私ひとりで二役だ』それがおかしくて、みんな笑ったんですよ。じゃあ、残りの部分も聞いてみましょう。とても迫力がありますよ」

指導記録

早紀はここでツツ大主教のスピーチ後半を聞く。原稿を読んだだけでは分かりにくい会場とのやりとりも音声を聞くとよく分かり、臨場感も伝わってくるので、早紀は「こんな汚い英語なんてイヤ」と言ったのも忘れて、熱心に聞く。そのあと、私の助けを借りて、早紀が仕上げた訳。

【CD No. 22 を聞いて、皆さんもやってみましょう】
［ツツ・スピーチ後半］

And if anyone were to tell you that people are impotent, that people are weak, say to them "You lie," because we destroyed apartheid. (applause).

And if we could end slavery, we could end Nazism, the Holocaust, if we could end apartheid, what is there that we can't end? If we are determined we have the capacity to end war. (applause).

Let us say now, all of us here, let us say so that the world can hear, let it reverberate through this roof, let it go to every part of the world, to NATO, to Yugoslavia, everywhere, we say to war, "No!" "No!" No, no, no, no, no, no, that is, that is, they can't hear you, they can't hear.

What do we say to war? "No!"
And we say, what do we say to peace? "Yes!"
What do we say to war? "No!"
What do we say to peace? "Yes!"
What do we say to love? "Yes!"
What do we say to justice? "Yes!"
What do we say to oppression? "No!" (kiss & applause).

SESSION 3: 聞く力の強化/さまざまな英語を聞く

[訳]
　もし誰かがあなたに、「人間は無力だ、人間は弱い」と言ったら、彼らに言ってやろう。「うそつき!」と。なぜなら、私たちはアパルトヘイトを崩壊させたじゃないか。そして、もし、私たちが奴隷制を終えさせ、ナチズムやホロコーストを終えさせ、アパルトヘイトを終えさせることができたのなら、終えさせられないものなど、何がある?(何もないだろうよ)決意さえあれば、私たちには戦争を終えさせる力がある。
　今こそ言おう、さあ、ここにいるみんな、世界に聞こえるように言おう、この天井をふっ飛ばして響きわたるように、世界の隅々まで、NATO に、ユーゴスラビアに、全ての地に響きわたるように、言おう——戦争は "NO!" "NO!" ダメダメダメダメ、それでは彼らには聞こえないよ。(もっと大きな声で!) 戦争には何と言う? "NO!" 平和には何と言う? "YES!" 戦争には? "NO!" 平和には? "YES!" 愛には? "YES!" 正義には? "YES!" 抑圧には? "NO!"

＊

「それでは今日はこれで終わります。Fathalla 博士のテープを差し上げますから、何度も聞いて、原稿とも照らし合わせて、訳をつけてきてください。次回はアキラ先生です。shadowing を教えてくださいますから、この Glen S. Fukushima 氏のスピーチを勉強してきてください」
「shadowing って?」
「それはアキラ先生がご説明くださるでしょう。きっとあなたは気に入りますよ。でも、早紀さん、今日、私が言ったこと、これからもずっと考え続けてください。言葉は人が理解し合うための tool だ、ということ。考えや心がしっかり伝われば、『きたない英語』なんてないんだ。上手な言葉の使い手とは、言葉を使って、人々の心や頭に橋をかけていける人だということ。それが私たちの夢なのですよ」
【読者の皆さんも、次のレッスンの予習のため、以下の文章を勉強しましょう】

＊

[宿題文: Glen S. Fukushima's Speech in Sendai]
　I am pleased and honored to be invited to participate as a speaker in this first Japan-U.S. Sister City Conference. I came primarily because I was invited by my good friend Mr. Aichi, whom I first got to know many years ago when I was working at USTR, the Office of the

United States Trade Representative, and coming to Japan almost once a month for trade negotiations. Mr. Aichi is one of the members of the Japanese Diet most involved in international issues — including security issues, economic issues, and environmental issues — and has a very long and deep relationship with the United States. But in addition to this reason of being invited by Mr. Aichi, I have three personal reasons for coming today to participate in this conference.

The first is that between 1953 and 1956, I actually lived in Sendai. At the time, my father was with the U.S. Army and was assigned at Camp Sendai, when there was a Camp Sendai. So I attended kindergarten and first grade at Camp Sendai School, on the U.S. military base. And I remember going to Fujisaki Department Store and other places in Sendai at the time. In fact, I remember watching *sumo* for the first time on black-and-white television in a *soba* shop in downtown Sendai. And so that's the first reason that I came today.

The second is that I have an indirect personal relationship with sister city programs because it turns out — and I didn't realize this until after I got married — that my wife, who is from Japan, was raised in a city in Chiba Prefecture, Ichikawa, which happens to have a sister city in the United States, Gardena, in California. And Gardena is the city where my parents settled in 1965 and where I went to high school. Since that time, my parents have moved elsewhere in Los Angeles, to Torrance. But I discovered, after getting married, that my wife and I were from American and Japanese cities that were sister cities with each other! This is a real coincidence.

The third reason is that this is actually my 30th anniversary of coming to Japan on my own. As I mentioned, because of my father's work with the U.S. military, I spent part of my childhood on U.S. military installations in Japan. But the first time I came to Japan on my own volition was in the summer of 1969, when I came as an undergraduate from Stanford University to Keio University, on a summer exchange program. As has been mentioned by Mr. Mogi and others, I made many friends at that time, being young and impressionable. And I'm very happy to continue my friendship with those people I met at that time.

I have been invited to speak today in my capacity as President of the American Chamber of Commerce in Japan. But in my talk today, I will draw on my experience in five professions — first, in academia, where I was at Harvard University studying about U.S-Japan relations for many years and served as a teaching fellow for Edwin Reischauer and for Ezra Vogel. Second, in journalism, where I spent time working at the *Asahi Evening News*. Third, in law practice in Los Angeles, and fourth, in government service in Washington D.C. for five years at USTR. During that time, I came to Japan 45 times for trade negotiations, but all the frequent-flyer coupons went to the government and not to me personally! After government service, I have been in business, first with AT&T and now with Arthur D. Little. So based on this 30 years of personal experience in academia, journalism, law, government, and business, I'd like to offer some thoughts about U.S.-Japan relations in the 21st century.

早紀のひとりごと

言葉を使って、人々の心や頭に橋をかけていく...なんとなく分かったような、分からないような...言葉を学ぶって、思ってたほど簡単なことじゃないみたい。それにしても、アキコ先生って、きついなあ。毎回、何か叱られて、批判されて。あれって一種のいじめだよね。シンちゃん呼び出して、なぐさめてもらおうかな。ウン、ぱーっと遊んじゃおうかな！

指導記録

彼女の欧米志向の偏見を打ちこわすため、今回はかなり手厳しいことを言った。次回は shadowing、使うテープはもちろんネイティブの英語、彼女の言う「発音なんかをまねしたくなるような『きれいな英語』」だから、彼女も喜ぶだろうが、だからといって、実際にどこまでちゃんと shadowing ができるかは、やってみなければ、分からない。願わくは、次回は何かほめてあげられることが見つかりますように。

SESSION● 4
シャドウイング

「前回は途中でクラスを出てゴメン。急な呼び出しがあったんで。で、アキコ先生から聞いていると思うけど、今日は shadowing をやりましょう」

「shadowing って何ですか？ アキコ先生はアキラ先生に聞くように言っていましたが」

「ああそうですか。shadowing というのは実験心理学では〈追唱〉と訳されてますが、要するに耳から聞こえてきたことをそのままオウム返しに繰り返すことです。英語の授業でよくやるリプロダクションだと文章が終わったところで繰り返しますが、shadowing では連続的に流れるスピーチを、少し遅れて同じことを言いながらついていきます」

「よく分からないんですけど．．．」

「全然むずかしくないですよ。ちょっとやってみようか」

*

テープの音声:
　Just think in 1952 we started a relationship that was basically, that
先生の音声:
　　　　　　　　Just think in 1952　we started a relationship, that was
テープの音声:
　time, legally among equals, but we all know it really wasn't.
先生の音声:
　basically, that time, legally among equals, but we all know it really wasn't.

*

「ああ、なるほど。何となく分かります」

「どれぐらい遅れてついていくかは自分で決めてかまいません。自分が一番やりやすいところでやってみてください。一つだけ注意しておくと、冠詞や前置詞などもできるだけ正確に繰り返すことが大切です。いいですね。じゃ、

SESSION 4: シャドウイング

行きますよ」
　【読者の皆さんも CD をセットし、ヘッドセットかイヤフォンをつけてシャドウイングをしてください。その前に下の単語リストをチェックしてください】

*

　［このレッスンの単語リスト］

legally	法律的に
the Security Treaty	安全保障条約
mature	成熟した
the diplomatic history	外交史
commonality	共通性
mutual benefit	相互利益
conflict	紛争、対立
dismiss	しりぞける
non-starter	考慮に値しない考え、無価値なもの
contemplation	考えてみること
far beyond the realm of reason	全く理屈に合わない、非合理な
foreign	不適当な
first-hand	直接の、現場の
converge	集まる
the new millennium	新しい千年紀
sincere	心からの
the prospect	見込み、予定
confidence	確信
tremendous	すばらしい、圧倒的な、大変な
perspective	見方、視角、視点
to step back	客観的な立場に立つ
to take stock of ...	...を全体的に検討する
turbulent	荒々しい
reshape	作りなおす
be confronted with ...	...に直面する
enduring	永続的、持続的

to reflect on . . .	. . . をよく考える
the orthodox view	伝統的な見方
constructive	建設的な
the Persian Gulf War	湾岸戦争
to contribute	貢献する
military bases	軍事基地
overall	全体的に見て
the U.S.-Japan Security Treaty	日米安全保障条約
of primary importance	きわめて重要な
vice versa	逆もまた同じ
the political realm	政治の分野
divergence	（意見の）相違
concern	懸念
the Northern Territories	北方領土
permanent membership on the U.N. Security Council	国連安全保障理事会の常任理事国
to engage in . . .	. . . に関与する

シャドウイング練習1

【読者の皆さんも CD No. 23 をシャドウイングしてみましょう。英文は見ないでください】

[Endicott: Japan-U.S. Relations]

In 1952 we started a relationship that was basically, that time, legally among equals, but we all know it really wasn't. It began a 47 year relationship that came out of the Security Treaty and the Peace Treaty of 1952. And over the 47 years we have seen a development of U.S.-Japanese relations, and it's my pleasure at this point to be in a position to say that the relationship is basically a mature relationship. This is the kind of relationship that we in the diplomatic history field, one of the fields that I specialized in the university, mark, that was a special relationship that we developed with the British toward the end of the last century. In the late 1880's, it became clear that the United States and Great Britain had so many areas of commonality, of mutual benefit, that the idea of conflict between Great Britain and the United States was dismissed as an absolute non-starter. Over the last few years it's been very clear that the Japanese-American relationship has progressed to that kind of mature relationship. Even the contemplation of conflict between Japan and the United States is something so far beyond the realm of reason that to even mention it today seems so foreign. This is a wonderful opportunity. I think the relationship between the United States and Japan is truly mature. I do that, from the position of being a first-hand observer for the past 40 years. In fact, this year, "kotoshi," I will celebrate my fortieth anniversary with my Japanese wife. So I have taken seriously U.S.-Japanese relations for a long time!

*

「ほう、けっこうできるじゃない」
「えー、でも何ヵ所か知らない単語や聞こえなかったところがありました。それに、ちょっとスピードが遅いし、ポーズがあったりして何かやりにくいなあ」
「まあ最初だからこういうポーズの多いのがいいかと思ったんだけど、早紀さんならもうちょっと早めのでもいいかな。ああ、それから、シャドウイングをやるときは、スピーチと自分の声のバランスがちょうどよくなるように音量を調節するといいよ。
　それじゃ、その調子でもう一つ行ってみようか。今度はアメリカのフォーリー駐日大使のスピーチだ」

シャドウイング練習 2

【CD No. 24 です。英文は見ないでやってください】

[Address of Ambassador Thomas S. Foley delivered at the Ryukyu Forum]

A little more than ten months from now, the leaders of the industrialized world, including President Bill Clinton, will be converging here for the first G-8 summit conference of the new millennium. President Clinton has, as you know, on several occasions expressed his sincere congratulations to the Prime Minister and to Japan on the selection of

Okinawa as summit host, and his pleasure at the prospect of coming here for the Summit next July. I would only like to add my own sincere best wishes, and my confidence that the Okinawa Summit will be a tremendous success. Certainly we would like it to do, we would like to do all that we can to help assure that this is the case.

We are now looking forward to the new millennium and the exciting prospects for the Okinawa Summit beyond. This perspective gives us an excellent opportunity to step back and take stock of the global scene, developments in Asia, the U.S.-Japan relationship and Okinawa's role in the world. For there are dynamic yet turbulent winds of change at work in the world today that create important new opportunities and challenges. While we can never reshape the past, there is much that we can do to shape the future.

In thinking of the future, we are forever confronted with the classic question: What should change, and what should remain enduring? To answer these questions realistically, we must first understand the broad forces now shaping our world.

*

「うわー、難しい。速かったし、よく分からなかったところがいっぱいです。意外とうまくいきませんね」

「でもかなりいけてたよ。難しい単語がかなりあったけど、まあ、それはおぼえれば聞き取れるようになるでしょう。フォーリー大使のこのスピーチ、細かいところで聞き取りが難しいところがありますから、そういうところに気をつけて何回も練習してください。

それじゃあ、もう一つだけやってみましょうか」

シャドウイング練習3

【CD No. 25 です。英文は見ないでやってください】

[Glen S. Fukushima's Speech in Sendai]

But before doing that, I'd like to briefly reflect on where we are in the U.S.-Japan relationship — the current state of the relationship. I think traditionally, when ambassadors and others talk about the U.S.-Japan relationship now, they tend to focus on what are considered the three pillars of the relationship; that is, the security relationship, the political relationship, and the economic relationship.

And generally what is <u>the orthodox view</u> is that the security relationship between the United States and Japan is very <u>constructive</u>, positive, cooperative, healthy — except when there are some crises. Crises being such things as <u>the Persian Gulf War</u>, where the United States wanted Japan to <u>contribute</u>, perhaps more than Japan was willing to. Or potential problems in North Korea or problems with <u>military bases</u> in Okinawa. When there are crises, the U.S.-Japan security relationship faces some difficulties in both countries. But <u>overall</u>, the security relationship between the United States and Japan is considered the central pillar of the U.S.-Japan relationship, focusing on <u>the U.S.-Japan Security Treaty</u>.

Secondly, the political relationship is also considered to be a very close and cooperative relationship between the two countries. On most issues that are of <u>primary importance</u> to the United States, Japan is supportive, and <u>vice versa</u>. There are some areas in which there are areas of differences in <u>the political realm</u>. One can think of the issues regarding Iran or Myanmar, or Burma. We can't even agree on what name to use for the country, but there are some <u>divergences</u> clearly between the two governments on how to deal with such countries. But overall, issues that are of <u>concern</u> and of high <u>priority</u> to Japan, such as return of <u>the Northern Territories</u> from Russia or gaining <u>a seat, permanent membership, on the U.N. Security Council</u> and other issues of diplomatic and political priority for Japan are generally supported by the United States. And also when the United States, for instance, <u>engages</u> in conflict in Kosovo or the Persian Gulf, the Japanese government is supportive of the United States. So overall the political relationship also is quite positive and cooperative.

*

「ふう。きれいな発音で分かりやすいんですけど、やっぱり速いし、それに知らない単語が多くてうまくいきません」

「でも7割以上はできてたみたいだよ。今日初めてやった割にはいいんじゃないかな。よく口も動くようだし、なかなか有望だよ。あとは単語を増やし

ていけば、だんだん完全に近くなっていくはずだよ」
「そうですか？　うれしい！　でも先生、シャドウイングとリスニングってどういう関係があるんですか？」
「ああそうか。まだ説明していなかったね。シャドウイングは実験心理学以外に通訳の訓練方法としても使われていてね、通訳訓練法としての効果をめぐっては論争があるんだけど、少なくともリスニングの向上には有効だという研究結果が出てきている。実はシャドウイングは単純なオウム返しじゃない。結構複雑な情報処理をやっているといってもいいね。シャドウイングすれば注意を集中して聞くようになるし、繰り返し練習することで短い時間でたくさんの言葉を発することができるようになる。そうするとそれだけ記憶できる量も増える。そうなると理解もよくなる。それから自分の発声をモニターする機会も増えるわけだ。こういうことがリスニング力の向上と関係があるんだ」
「よくわかりませんけど、とにかくリスニングに効果があるんですね？」
「そうです。シャドウイングは簡単にできる練習だから、自分でどんどんやってほしいんだけど、材料を具体的に言った方がいいかな。これから毎日 NHK テレビ講座の『ビジネスワールド』を録画したのとか、雑誌『時事英語研究』の CD の「ニュースダイジェスト」などを 5 分くらい、1 日 2 回。それから日本語のニュースを 5 分間シャドウイングすること。いいね？　それじゃ、そういうことで次回はアキコ先生の担当で、いよいよ聴解力の訓練に入ります。今度は聞いたものをしっかり訳してもらうことになります」
「えー」
「で、宿題です。今日やった教材の Endicott 氏と Foley 大使のスクリプトとテープを渡します。しっかり聞いて、読んで訳してきてください」

*

［前回アキコ先生が宿題に出した Glen S. Fukushima 氏のスピーチの訳（アキラ先生が添削したもの）］
　今回、第一回日米姉妹都市会議にスピーカーとして参加するようお招きをいただき大変光栄です。私が出席させていただきましたのは、私の親しい友人である愛知さんのお招きがあったからです。愛知さんと初めてお会いしたのはずいぶん前のことで、私が USTR（米国通商代表部）で働いていた時でした。貿易交渉のために毎月のように日本に来ていました。愛知さんは日本の国会議員の中でも、国際問題、つまり安全保障問題や経済問題、環境問題に深くかかわっておられ、アメリカとは大変長く、深い付合いがあります。

SESSION 4: シャドウイング

しかし、この会議に出席しようと思ったのには、愛知さんからのお招きがあったことの他に、3つほど個人的な理由もありました。

第一の理由は、1953年から1956年まで私は実は仙台に住んでいたのです。父が当時アメリカの陸軍に勤務しており、仙台キャンプに赴任していました。その頃は仙台キャンプがあったのです。私は幼稚園と小学校一年生まで米軍基地、仙台キャンプの中の学校に行きました。当時、藤崎デパートなど仙台のいろいろな所に行ったことをおぼえています。仙台市内のソバ屋の白黒テレビで初めて相撲を見たのです。それが第一の理由です。

第二の理由は、姉妹都市については間接的に個人的なつながりがあるからです。といいますのも、後で、結婚して初めて分かったことですが、私の妻は千葉県の市川で育ったのです。市川市はカリフォルニア州のガーディナ市と姉妹都市になっていました。そしてガーディナ市は私の両親が1965年に引っ越したところで、私はそこで高校に通いました。その後、両親はロサンゼルスの別の場所、トランスに越しましたが。結婚してから妻と私は日米の姉妹都市の出身であることが分かったのです。本当に偶然でした。

第三の理由は、今年が私がひとりで日本に来たときからちょうど30年目に当たるからです。先にも言いましたが、私の父はアメリカ軍に勤務していましたので、私は子供時代を日本のアメリカ軍関連施設で過ごしました。しかし、初めて自分の意思で日本にやってきたのは1969年の夏のことでした。スタンフォード大学の学生として慶応大学へ夏期交換留学したのです。それで、茂木さんたちがお話しになったように、若くて影響を受けやすい時代で私は当時多くの友人を作ることができました。ですから、当時出会った人々と旧交を温めることができるのは大変うれしいことです。

私は今日、在日米国商工会議所会頭ということでお招きいただいたわけですが、私のこれまでの5つの職業における経験に基づいてお話ししようと思います。最初は学問の世界で、ハーバード大学で長年日米関係を研究し、エドウィン・ライシャワー先生とエズラ・ヴォーゲル先生のティーチング・フェロー(助手)をつとめました。二番目の経験はジャーナリズムで、朝日イブニングニュースで働きました。三番目はロサンゼルスで弁護士をし、四番目として5年ほどワシントンの米国通商代表部で政府の仕事に携わりました。その間、貿易交渉のため45回ほど日本に来ましたが、航空会社からもらったお得意様クーポン券は政府のものになってしまって、私はもらえませんでした。政府の仕事のあとは民間企業で働きました。最初はAT＆T、次はアーサー・D・リトル社でした。こうした学問の世界、ジャーナリズム、法律、

政府、民間企業における30年間の経験に基づいて、私は21世紀の日米関係について少しお話ししようと思います。

SESSION 5
聞いてるときは分かったのに10秒後には何も思い出せない?!

宿題はできたけど...

「前回のシャドウイング、うまく行きましたね。あなたは耳もいいし、口もよくまわる。なかなかいいですよ」

「あー、うれしい！ 初めてアキコ先生にほめてもらえた。あれからアキラ先生に言われた通り、『時事英語研究』のCDや日本語のニュースを毎日シャドウイングしてみたんです。楽しいですね。私、シャドウイング大好きです。日本語のニュースもただ聞いてるだけじゃなく、シャドウイングしながら聞くと、普段自分からあまり口にしないような言葉、たとえば『ケイキテイメイ（景気低迷）』だとか『ザイセイシュツドウ（財政出動）』だとかいった言葉も、自分の言葉...あの、『発信語彙』というんですか、自分で使える語彙になっていくような気がします」

「それはいいですね。でも、シャドウイングができたからといって、内容も理解でき、訳もできるというわけじゃありませんからね。大切なのは内容の理解だということを忘れないように」

「はい...」

「宿題に出ていたEndicott氏とFoley大使のスピーチ、理解や訳の上で何か問題がありましたか」

「Foley大使のスピーチはかなり早かったし、内容も硬い内容で、苦労しました。でも何度も聞き直したり、それでも分からないところは原稿を読んだりして、最終的には正しく訳せたと思います。でもEndicottさんの方はとてもゆっくりしゃべってるし、内容的にもそれほど難しいことを言ってるようじゃなさそうなのだけれど、何となくよく分からないところが2, 3ヵ所ありました」

「例えばどこですか？」

「ここのところです。This is the kind of relationship that we in the diplomatic history field, one of the fields that I specialized in the university, ここまでは分かるんですけれど、そのあとが分からないんです。mark that was a special relationship that we developed with Britain というところが」

「ああ、この文章は文法的に見ても少しおかしいですよね。Endicott さんはスピーチ原稿を読んでいるのではなく、その場で考えながら自分の言葉でしゃべっているので、何か言いかけて途中で言い直したり、文章が文法的に完結してなかったりするんです。私たちの日本語だってそうでしょ。native だからといって、必ずしもいつも正しい文法にのっとって話してるわけじゃない。でも native 同士なら、そんなくずれた文章でも感覚的に分かってしまうんですよね。ここでは Endicott さん、きっと This is the kind of relationship that we in the diplomatic history field . . . mark as a special relationship (that is) similar to the one we developed with the British . . . と言いたかったんだと思いますよ」

「それなら分かります。『われわれがイギリスとの間に発展させた関係に似た特別な関係だと我々外交史の人間がマークするような、つまり言うような関係だ』ということですね。それにしても、この日本語も分かりにくいですね」

「だからこう言えばいいんですよ。『これはわれわれ外交史の専門家があえて「特別な関係」と説明するようなもので、われわれがイギリスとの間に育ててきた関係に似ています』とね」

「あー、本当だー。その方がずっと分かりやすいですね」

「宿題、いただいておきましょう。拝見して、特別問題があるようなら、また次のレッスンのときに取り上げます」

「あの...前の宿題はどうしますか。エジプト人のお医者さんのスピーチ、訳しましたけれど」

「ああ、あれはしばらくあなたが保管しておいてください。もうすぐ使います。でもその前にこの間アキラ先生の授業でやった Glen S. Fukushima 氏のスピーチ、あなた、あれとても上手にシャドウイングしていましたけれど、今度はあれを訳してみましょう。内容が理解できているかどうか見るために。少しずつ切ってテープを流しますから、切れ目のところで訳してください。いいですか、聞いてください」

【皆さんも切れ目のところで CD を止めて訳してください。CD No. 26】

少しずつ聞いて訳す

But before doing that, I'd like to briefly reflect on where we are in the US-Japan relationship — the current state of the relationship.

*

「えー『その前に、日米関係...現在の状況について』あら、何だったかしら、『話します』だったかな」
「...reflect on」
「ああーそう、『考えてみましょう』です」
「まあいいでしょう、briefly が抜けましたがね」
「あ、だから、『簡単に考えてみましょう』ですね」

*

I think traditionally, when ambassadors and others talk about the US-Japan relationship now, they tend to focus on what are considered the three pillars of the relationship;

*

「『大使やその他の人たちが』えーっと、『日米関係に...』えー、『焦点をあてて』うーん、おかしいわ、聞いていたときは分かったのに訳そうとすると思い出せない」
「3つの柱」
「ああ、そうそう、日米関係には 3 つの柱があります」
「それじゃ正確さに欠けますよ。『大使その他の人たちが日米関係について話すとき、これまで伝統的には、この関係の 3 本柱とみなされているものに焦点をあてて話すのが一般的傾向でした』あまりこなれた訳じゃないけれど、今は内容の理解を示すために訳しているだけだから、文章の完成度は気にしない」
「聞いてるとき、メモとっていいですか？」
「もちろん」

*

... the three pillars of the relationship; that is, the security relationship, the political relationship, and the economic relationship.

*

「『3 つの柱──それは安全保障の関係と、政治の関係とそして、経済の関係です』あーよかった、これは大丈夫でした」

「短かったですからね。次」

　　　　　　　　　　＊

　And generally, what is the orthodox view is that the security relationship between the United States and Japan is very constructive, positive, cooperative, healthy — except when there are some crises.

　　　　　　　　　　＊

「『そして一般的にオーソドックスな見方は何ですか?』えー、『アメリカと日本の関係はとても協力的で、ポジティブで...』その他にもいろいろ言ってましたけど何だったかしら、また忘れてしまいました。こんなに早口だと、メモも全部とれません。このあと、もうひとつ何かありましたよね。いやだわ、私、聞いてたときは分かっていたのに...」

「crisesの話」

「あ、そうです。『日米間には例外的に時々危機があります』と言ってたんだと思います」

「そうですか、山田さん。あなたの理解はとてもアバウトで危険だと思いますよ。特に最後の部分なんか、立派な誤訳です。もっとしっかり、厳密に聞く必要があります。この文は、『一般にオーソドックスな見解として、日米間の安全保障関係は非常に建設的で前向き、そして協力的で健全である。が、危機が生じたときには、そうではなくなる』と言ってるんですよ」

「...」

「次、しっかり聞いてください」

　　　　　　　　　　＊

　Crises being such things as the Persian Gulf War, where the United States wanted Japan to contribute, perhaps more than Japan was willing to.

　　　　　　　　　　＊

「『危機とはたとえばペルシャ湾戦争のようなものです。アメリカは日本に...』えー、『貢献してもらいたいと思いました』すみません、あと、忘れました」

「だから、シャドウイングができたからといって、必ずしも理解も成立しているというわけではないと、私が最初に言ったのも、このことだったのです。あなた、ここ、シャドウイングではきれいな英語が出ていたのですもの」

「こういうテーマ、苦手なんです」

「だからこそ努力が必要なんです。次」

*

Or potential problems in North Korea or problems with military bases in Okinawa.

*

「または、北朝鮮の潜在的問題や、沖縄の軍基地の問題です」
「けっこう。次」

*

When there are crises, the U.S.-Japan security relationship faces some difficulties in both countries. But overall, the security relationship between the United States and Japan is considered the central pillar of the U. S.-Japan relationship, focusing on the U.S.-Japan Security Treaty.

*

「『危機があるとき、日米安全保障関係は困難に...直面し...、両方の国では...』えーっと『日米安全保障条約に焦点が当たり』えー。私こんな長いの、とてもできません」
「長いといってもたった15秒ぐらいですよ。普通、通訳者なんかは、30秒、1分、2分、3分ぐらいの発言を一まとめで一気に訳すんですよ」
「私、別にプロの通訳者になるつもりはありませんから」
「そう。でも何もプロの通訳者にならなくても、会社においでになったアメリカ人の社長の通訳をするためには、15秒ぐらいの話はきっちり内容をつかんで、正確に再現できるような力をつけておかないと、お話になりませんよ。あなたがさんざんな思いをしたというあのときも、きっと社長は10秒、20秒も続けてお話しになっていたんだろうと思いますからね。それ以下だと、考えをひとつのchunk、つまりまとまりとして伝えることはできませんから」
「じゃあ、私どうすればいいんですか？ 聞いていたときは『分かった』と思っても、いざ訳そうとすると思い出せなくて訳せない。短い文章でもそうなんですから、長い文になるとなおさらです。先生からはアバウトだとか、正確じゃないと批判ばっかりされるし」
「早紀さん、私、何も批判のための批判をしているわけじゃありませんよ。あなたに気づいてもらいたいことがたくさんあるから、あえて厳しいことも言っているんです。ほめてあげようと思えば、ほめてあげられるところがあなたにもたくさんありますよ。耳がいい。口もよくまわる。それにあなたは思っていた以上に頑張り屋です。納得したら、『よし、やってみよう、試して

みよう』と努力するだけの素直さもある。だから、あえて言うんです。例えば、あなたは耳も口もよく動く、でもひょっとしたら、そのとき頭は動いていないんじゃないの？ そんな疑問を投げかけて、あなたの考えを促したいのですよ」

「頭が動いていないなんて、先生、ひどい」

「そう、腹も立つかもしれません。でもここで『こんな侮辱、許せない。もうやめてやる』と飛び出してしまったら、あなた、永遠にけっして内容のある英語の話は聞けるようにはなりませんからね。これからのセッション、二度か三度こそが、あなたの英語学習の正念場です」

「...」

「続きやりますか？」

「はい...でも、どうすれば聞いたことが覚えられるようになるか、教えてくださるんですね？」

「もちろんです。じゃあ、あと2つだけ聞いて訳していただきます。最初はEndicott さん。宿題の箇所の、少しあとにでてくる文章です。単語をまず言っておきます。controversy（対立、論争）、friction（摩擦）、progress（前進）、rub the road（道をこする）、つまり道と接触して摩擦が生じてこそ、歩くという行為が可能だという意味です。いいですか」

「...はい、単語、頭の中にたたきこみました」

【皆さんも聞いて訳してください。CD No. 27】

*

We do have our areas of controversy, but when we face those areas of friction, my response is, to my American colleagues and friends, "How do you get anywhere if you don't rub the road." There has to be friction in order for progress to be made.

*

「『われわれには論争の分野がある。で...摩擦があったとき、私は友人に言う。道路をこすって、つまり歩くという行為がなければ、どこにも到達しない』えー、そのあとは『前進が...必要』と言ってたのかな。やっぱり、ここも忘れてしまったみたいです」

「前進するためには、道路をこする、つまり、摩擦が必要だ、と言ってたんです」

「ああ、そうでした」

「次は Foley 大使。出てくる語彙は persistent（しつこい）、revolution

（革命）、propel（推し進める）」
　【皆さんも聞いて訳してください。CD No. 28】
　　　　　　　　　　　　　＊
　In the global economy today, powerful and persistent winds of change are clearly blowing, as three historic economic revolutions transform the world in which we live, and propel us forward into the 21st Century.
　　　　　　　　　　　　　＊
　「『今日のグローバル経済の中で、パワフルでしつこい風、あの、変化の風が吹いていて、3つの大きな革命が起こっていて、推し進んでいて』それで、えーっと、『21世紀には...』さっき、ちゃんと分かったんですけど、何だったっけ...」

単語レベルの理解と意味の理解

　「早紀さん、あなたさっきから繰り返し言ってるのよね。聞いているときには分かったんだけれど...」
　「訳そうとすると、頭の中からぱーっと消えていってしまって、思い出せない。本当にこれが一番問題なんです。私、どこかおかしいんでしょうか？」
　「いいえ。通訳の勉強を始めたとき、例外なく、全員がそう言うのよ。私も全く同じ経験をしましたよ」
　「えーっ!?　先生も」
　「そう。聞いているときは単語も分からないものはなかったし、何となく全部分ったような気がした。少なくとも、『分からない』という認識はなかった。なのに、いざ説明しようとすると、頭の中に何も残っていない。stagnation（停滞）だとか recession（景気後退）だとか、単語は残っているんだけれど、『それがどうした』という肝心の述部が空白」
　「その通りなんです！　アメリカ人の社長の通訳をしたとき、もちろん単語や構文の分からない部分もあったと思いますけれど、『ああ、ここは分かる』と思った箇所もあったんです。でも、いざ通訳しようとすると、『あれっ!?』と思うぐらい、訳せなくて」
　「なぜなんでしょう？」
　「分かりません」
　「ほんの20秒、30秒前に聞いたことなんだから、『忘れてしまった』とい

うはずはありませんよね」

「そうですね...」

「早紀さん、それはね、あなたそのとき、本当に厳密な意味では分かっていなかったんですよ」

「エッ?!」

「単語が分かったから、文全体も分かったような気がした、それだけのことです。でも、単語のレベルで分かっただけでは、『理解』にはつながりません。『recession になったら』とか、『recession にならないように』とか、『recession に入ってしまった』とか、述部も含めた形で『意味』として咀嚼できて、初めて『理解』が成立する。この『意味づけ』作業を、別の言葉で『情報処理』とも言いますけれどね」

「はあ...」

「ちょっと聞いてください。私、今からこの『意味づけ』作業、あるいは『情報処理』を、さっきの Endicott 氏の文（p. 150）を例にとって、やってみますから。『われわれには確かに論争中の部分がある。/ しかし / こうした摩擦の分野に直面すると / 私の反応 / 私のアメリカの同僚や友人への反応は / 次のようなものだ。/ いったいどうやってどこかに到達できるのかね / もしわれわれが足で道をけらなきゃ。/ 摩擦がなくてはならないのだ / 前進がなされるためには』ね、早紀さん、こうして、ほぼ phrase 単位の短さでひとつひとつ出てきた順に確実に情報をおさえていく。意味を与えていく。そうしたら、聞いていたときは分かっていたんだけれど、訳そうとすると何を言っていたのか忘れてしまっていて...なんてことにならないのです」

「すごいですねえ。何だか信じられないけれど、こんなこと、前に聞いたことがないから。でも、何だか、すごく新鮮です。もうひとつやってみてください」

「じゃあ、Foley 大使のをやりますよ(p. 151)。『今日のグローバル経済の中では / 強力でやむことのない風 / 変化の風が / 明らかに吹いている。/ そして同時に / 3 つの歴史的な経済革命が / 世界を変えていっている / 私たちの住んでいる世界を。/ そして / 私たちを前へと推し出している / 21 世紀に向けて』」

「すごい。そういう風にして聞くんですね、英語を。あー、私、とてもやる気が出てきた」

「でも、今日はもう時間になりました。次回、この『順送り理解』を全面的に取り上げてやりますから。それから、アキラ先生、このところちょっと外

国に行ってらっしゃるので、次回も私がやります」
「国際会議ですか？」
「いえ、ちょっと別のプロジェクトがあって」

指導記録

　難関をひとつ越えた。英語を聞いて分かったような気になっていながら、実は単語だけ聞いていて、意味として咀嚼できたわけではないということに早紀は気づいたようだから。そして『順送り理解』にとても興味を示している。よい傾向だ。宿題として、Foley 大使のスピーチを順送り理解用に slash（区切り）を入れたものを１ページと *Newsweek* に載っている日米関係に関する特集記事も出す。こちらは内容と vocabulary build-up のため。
　【読者の皆さんも日米関係の記事を探して練習してください】

SESSION ● 6
情報の順送り理解
スラッシュ・リーディング

なんて大胆な発想の転換！

「さあ、ではさっそく宿題に出ていた Foley 大使のスピーチ、順送りの理解で訳してみましょう」

＊

[slash（区切り）を入れた Foley 大使のスピーチとアキコ先生の助けを借りて早紀が仕上げた訳]

A little more than ten months from now, / the leaders of the industrialized world, / including President Bill Clinton, / will be converging here / for the first G-8 summit conference / of the new millennium. / President Clinton has, / as you know, / on several occasions / expressed his sincere congratulations / to the Prime Minister / and to Japan / on the selection of Okinawa / as summit host, / and his pleasure / at the prospect of coming here / for the Summit next July. / I would only like to add / my own sincere best wishes, / and my confidence / that the Okinawa Summit / will be a tremendous success. / Certainly / we would like to do all that we can / to help assure / that this is the case.

「今から10ヵ月ちょっとしたら / 先進工業諸国のリーダーたち / その中にアメリカのクリントン大統領も入っているが / ここに集まってくる / 初めてのG8サミット会議のために / 初めてといっても、新千年紀になってから初めてということ。/ クリントン大統領は / みなさんも知っているように / 折に触れて / 心からの祝意を表明してきた / 総理大臣に / そして日本に / 沖縄を選択したことに対して / サミットの開催地として。/ そして喜びも表してきた / この沖縄に来れるという展望に対して / そう、来年の7月のサミットのために。/ 私もひとつだけ申し添えたい / 私自身も心から願っており / また確信し

SESSION 6: 情報の順送り理解 / スラッシュ・リーディング

ていると / 沖縄のサミットが / 大いなる成功をとげることを。/ もちろん / 私たちは私たちにできることをすべてしたい / 私たちの支援で、きっと必ずや / そうなるように(=成功するように)。

*

We are now looking forward / to a new millennium / and the exciting prospects / for the Okinawa Summit beyond. / This perspective / gives us an excellent opportunity / to step back / and take stock / of the global scene, / developments in Asia, / the U.S.-Japan relationship / and Okinawa's role in the world. / For there are dynamic / yet turbulent / winds of change / at work / in the world today / that create important new opportunities / and challenges. / While we can never reshape the past, / there is much that we can do / to shape the future.

私たちは今期待をこめて見つめている / 新しい千年紀と / わくわくするような展望を / つまりその先にある沖縄サミットを。/ この展望は / 私たちに絶好の機会を与えてくれる / 一歩下がって / じっくりと評価する機会を / 世界の状況や / アジアの動向 / 日米関係や / 世界における沖縄の役割について。/ なぜなら、ダイナミックな / しかし波乱に富んだ / 変化の風が / 吹いているからだ / 今世界では。/ これは重要な新しい機会を生みだし / 挑戦も生みだしている。/ 私たちはけっして過去を別の形に作り直すことはできないが / 私たちにはできることがたくさんある / 未来の形成のためには。

*

In thinking of the future, / and attempting to shape it / as best as we can, / we are forever confronted / with the classic question: / What should change, / and what should remain enduring? / To answer these questions realistically, / we must first understand / the broad forces / now shaping our world.

未来を考え / それを形成しようとするとき / 最善をつくして作ろうとするとき / 私たちは決まって直面する / あの古典的な問いに。/ 何が変わるべきか / そして何が変わらず持続されるべきか。/ こうした問いに現実的に答えるためには / 私たちはまず理解しなければならない / 多様な力 / 今私たちの世界を形作っているこの力を。

*

「いいですね。じゃあ、もうひとつやってみましょう。最初のレッスンのときに語彙のチェックに使った、あの経済に関する記事です」

*

Only a few years ago, / pundits were sure / that the United States was / losing to Asia and Europe, / and they advised the United States / to emulate the more state-directed economies / of Asia and Europe / in order to remain competitive. / Now the conventional wisdom / is that America is number one, / and that the rest of the world / should follow America's more laissez-faire approach. /

In fact, neither caricature is right. / Asia was booming / and now it is slumping, / but it will be back soon. / Europe's trouble / will persist a little longer, / but it too / will eventually make a comeback. / So / you should not underestimate them. / Nor should you overestimate America. / While the U.S. economy / is in a period of robust growth, / nothing fundamental / has changed. / Come the next recession, / all this triumphalism / will seem silly.

［ときどきアキコ先生の助けを借りながら、早紀が仕上げた順送り訳］
ほんのたった数年前 / 専門家たちは確信していた / アメリカは / アジアやヨーロッパに負けつつあると / そして彼らはアメリカに助言した / もっと国家統制的な経済をまねなければならないと / アジアやヨーロッパが採っているような / 競争力を持ち続けるためには（それが必要だと）。/ しかし今日の一般通念は / アメリカはナンバーワンで / 世界の他の国々は / アメリカの自由放任主義的な経済を採り入れなければならないというものだ。/

事実いずれの風刺的描写も正しくない。/ アジアは好景気にあった / 今は落ち込んでいる / しかし間もなく復活するであろう。/ ヨーロッパの問題は / もう少し長く根強く残るだろう。/ しかしヨーロッパも / いずれカムバックを果たすだろう。/ だから彼らを過小評価してはならない。/ またアメリカを過大評価してはならない。/ アメリカの経済は / 力強い成長期にあるが / 根本的なところは何も / 変わっていない。/ 次の景気後退が来れば / 今の凱旋ムードなど / ばかげて見えるだろう。

*

SESSION 6: 情報の順送り理解／スラッシュ・リーディング

こんなこと誰も教えてくれなかった！

「どう？　面白いでしょう？」

「面白いなんてもんじゃないです。まるで目からウロコが落ちたみたい。英語の文も、後ろからひっくり返して訳しあげていくのじゃなく、文の頭から次々に順送りに訳していけるなんて！」

「そう、普通学校の英文解釈では、例えばこの "they advised the United States..." の文章は、『彼らは、競争力を維持するためにはアジアやヨーロッパのもっと国家統制的な経済をまねるようアメリカに助言した』と訳したでしょうね。つまり後ろからひっくり返すように」

「ええ、そういう風に教わってきました」

「書いた文章の場合はそれも可能でしょう。時間的余裕さえ与えられていれば、『主語』を訳したら文末に飛んで、そこから逆に前へ前へと訳しあげていく。途中で『これは今訳さないで、後にとっておいて』とか、前に行ったり後ろに行ったり。分からなくなったら、何度も読み直してね。でもね、この文章を耳から入れなければならないときはどうでしょう？『彼らは』と訳したら、『競争力を維持するためには』という訳を出すまでは、他の箇所はみんな頭の中にとっておいて...なんて、とても宙ぶらりんの状態。記憶にとても負担がかかるんですよね、学校の英文解釈のやり方では」

「本当にそうですね」

「それにね、書いた文章はともかく、もしこの文章を耳から入れなければならないときはどうでしょう？　ひっくり返して情報処理ができますか？」

「できません。できないわ、そんなこと！」

「なぜ？」

「なぜって...だって、人がしゃべることは、後ろから聞けませんもの」

「まさにその通り。『人がしゃべることは、後ろから聞けない』のよね。耳から入ってくる言葉はそのときにちゃんと聞いて瞬時に理解しておかなければそれっきりで、二度と聞けない。あなたが "Pardon?" とか "Could you say it again?" と頼まないかぎりはね。話し言葉は『消えもの』であると言われる通り、発話の次の瞬間には消えてしまっている。だから、だからね、前から順送りで発言者の発話と同時に理解していく以外にないんです。分かります？　くどいようですけれど、これはとても大切なことなので...」

「分かります。とてもよく分かります」

「訳した文は、文章としての分かりやすさや洗練度はこの際無視してしまっ

ていいんです。情報を頭の中に次々とたたき込んでいく、つまり理解を積み重ねていくことを最優先しますから。この場合はあくまでも暫定的な理解ですけれど」

「先生、もうひとつやりましょうよ」

「それじゃ、Foley 大使のスピーチの続きをやりましょう」

*

In the global economy today, / powerful and persistent winds of change / are clearly blowing, / as three historic economic revolutions / transform the world / in which we live, / and propel us forward / into the 21st Century. / Perhaps the most dramatic / is the Information Revolution, / as dramatized by the coming of the Internet. / When President Bill Clinton / assumed the U.S. presidency / in 1993, / the Internet / was in its infancy. / Today there are more than 140 million Internet users / around the world, / including over 80 million in the U.S. / and nearly 20 million in Japan.

Our ever more global and unified world economy / is confronting momentous changes / in many other ways as well. / The second revolution / — manufacturing processes and services / that once were confined within national borders / have become increasingly complex, / international, / and transnational. / Finally, / financial markets / have also grown global, / volatile, / and immensely powerful. / For example, / foreign exchange transactions daily alone / now total over $2 trillion.

［早紀の訳］
　今日グルーバル経済の中では / 強力で止むことのない変化の風が / 明らかに吹いている。/ 同時に3つの歴史的な経済革命が / 世界を変容させている / 私たちの住む世界を。/ そして私たちを前へと推し進めている / 21世紀にむけて。/ おそらく最も劇的なのは / 情報革命であり / それはインターネットの出現に強烈に表われている。/ クリントン大統領が / アメリカの大統領に就任した / 1993年 / インターネットは / まだ幼年期にあった。/ 今日、インターネットを使っている人は1億4000万人以上いる / 世界では。/ その中にはアメリカの8000万人と / 日本の約2000万人も含まれている。

　グローバル化と統合化がますます進む私たちの世界経済は / 巨大な変化に直面している / その他いろいろな面においても。/ 第2の革命は / 製造やサー

ビスで起こっており / かつて国境を超えることがなかったのが / 今ではさらに複雑になり / 国際化し / 多国籍化している。/ 最後に / 金融市場も / グローバル化し / 変動性を強め / 強力な力を持つようになった。/ 例えば / 外国為替の取引は1日だけで / 2兆ドルを超すようになった。

＊

「うまくいったじゃありませんか」

「ええ、本当にとても新鮮な発見です。英語を前から前から順番に訳していけるなんて」

「でもね、それって当然のことだと思いません？ 言葉というものは、英語であれフランス語であれタジク語であれ、およそすべて前から理解できる、意味付けできるようになっているはずですよね。文字ができて書き言葉が生まれたのは、人類の歴史からいうとかなり最近のことでしょう。その前にもうずーっと長い間『消えもの』としての話し言葉はあったんですから。少なくとも話し言葉では、最後までいかないと理解できないような文はないはずです。私たちの日本語だってそうでしょう。今、私の話を聞いているときに、あなたは『最後まで全部聞いてから理解しよう、それまでひと休み』なんて言ってのんびり漫然と聞いているのじゃなくて、文の頭から忙しく情報処理を行って、『多分こういうことだろう』といった暫定的理解を積み重ねていってるはずですよ」

「その通りです。そうしないと頭の中に何も残りません。テレビのニュースなんかも、ただ漫然と聞いていると、『減税』とか『不良債権』とかいった言葉は残りますけど、内容は残らない。先生のおっしゃっていた、あれ、『述部』というんですか、それが残らないんです」

「そう、そこがまさにポイントなの。漫然と適当に耳を傾けているといった程度ではダメ。文頭から、それこそこのスラッシュ単位で、厳密に理解していかなければ。メッセージの送り手の発言、つまりoutputを、同じ順序で同じ速さで受け手が頭の中にinputしていかなければ、リスニングはできるはずがない。分かりますよね。私の言っていること」

「同じ順序で、同じ速さで、厳密に．．．ええ、分かります。よく分かります。あの社長のスピーチも、そういう風にしていたら、もう少し訳せたかもしれませんよね」

「きっとね。さあ早紀さん、今日はもう時間です。次回はスラッシュ・リスニングをやりますからね。目からではなく、耳から情報が入ってくるのを、スラッシュ・リーディングのときと同じように、文の頭から理解していく訓

練。まさにリスニングの山場ですよ。Glen S. Fukushima 氏の講演の続きを使いますから、これまでやったところをスラッシュ・リーディングでおさらいしておいてください」

SESSION 7
情報の順送り理解 スラッシュ・リスニング

リスニングの山場

　「さあ、始めましょ、早紀さん。アキラ先生は今週も出張が続いています。今日はスラッシュ・リスニング。でも始める前に、ちょっとおさらいをしておきますね。スラッシュ・リスニングは端的に言うと、相手の発言を聞こえてきた順に、およそ phrase 単位で意味をくみとっていき、頭の中で情報化していくこと。別名、「区切り聞き」とも言いますけれど、原則はスラッシュ・リーディングと同じね。前回、『スラッシュ・リスニングこそ、リスニングの山場だ』と言ったけれど、順送り理解という原則は同じなのだから、スラッシュ・リーデイングができるようになれば、スラッシュ・リスニングもできるはず。

　ただ、こちらは目じゃなくて耳から情報が入ってくるから、情報化のペースが相手のしゃべるペースにコントロールされて、それだけ急かされるのがつらい。で、これから phrase ごと、あるいは意味単位ごとに区切った Glen S. Fukushima 氏のスピーチをテープで流しますから、phrase ごとに訳出してください。意味が取れていることさえ示せれば、訳は多少おかしくてもいいですから」

　【以下、早紀が、知らない単語はアキコ先生に聞きながらやったスラッシュ・リスニングを書き起こしたものが載っていますが、これは見ないで、皆さんもまず CD No. 29 を使って、ポーズのところで CD を止めて訳してください】

*

Secondly,	第二に、
the political relationship is	政治関係(は)
also considered to be	これもまた◯◯だとみなされている
a very close and	つまり、とても緊密(で)
cooperative relationship	協力的な関係だと、

between the two countries.　　これら二国間では。

*

「そう、それでいいんですよ。前回、「多分こういうことだろうな」といった暫定的な理解をphraseごとに積み重ねていくと言いましたよね。例えば、the political relationshipと聞いただけでは、『政治関係<u>は</u>』なのか、『政治関係<u>を</u>』なのか分からない。ひょっとしたら, the political relationshipのあとに and economic relationship という phrase が来るかもしれない。そうなると、『政治関係と(経済関係)』になりますよね。だから、isが続くのを聞いて初めて、『政治関係は』と訳せる。続いて、is also considered to be という phrase を聞いて、『ああ、政治関係も〇〇だとみなされているんだ。その〇〇とは何だろう』と興味を持つ。そういう active listening の姿勢で次を聞いて、『ああ、とても緊密で協力的だと言ってるんだ』と納得する。こういう風に暫定的に情報化していくのが、理解のプロセスです。つまり、いく通りかある解釈の可能性を全部引きずりながら聞いていく。理解が最終的に確定するのは、ピリオドが来て、文が終わったとき。もちろん、ピリオドなど聞こえませんけどね。次、やりましょう」([　]の中は、早紀の思考の動き)

*

On most issues	大半の問題については［例えばどんな問題？］
that are of primary importance	非常に重要性の高い［問題、なるほどね］
to the United States,	［それも日本じゃなく］アメリカにとって
Japan is supportive,	日本は支援的だ［変な日本語だけど、まあ、いいか］
and vice versa.	そして、その逆もしかり。

*

「その調子。聞きながら大急ぎで情報を取り込んでいく。そして文が終わるやコンピュータのように高速で情報を日本語の語順に並べかえ、おかしな訳語も直して訳出するのが通訳。ここでは、『アメリカにとって非常に重要な問題については、大半の場合、日本は支援を惜しまないし、その逆の場合もしかりで、アメリカは日本に支援を惜しまない』とでも訳せばいいでしょう。では、次からは、区切り訳をしたら、すぐそのあともう少し自然な訳文でフォローしてください」

*

There are some areas　　いくつかの分野がある

SESSION 7: 情報の順送り理解 / スラッシュ・リスニング   163

in which	そこでは
there are areas of differences	違いのある分野がある
in the political realm.	政治の領域では。

「政治の領域では、違いの見られる分野もいくつかある」

＊

「けっこうよ。簡単な文だけど、phrase ごとにしっかり押さえておかないと political realm とか differences とか単語レベルでの疑似的理解が残るだけで、とてもアバウトな訳になってしまうのよ」

＊

One can think of	例として思いつく
the issues regarding Iran or	イランに関する問題(や)
Myanmar, or Burma.	ミャンマーあるいはビルマの問題を。

「例えば、イランやミャンマー、あるいはビルマの問題である」

＊

We can't even agree on	われわれは○○について合意さえできない
what name to use	つまり、どんな名称を使うか
for the country,	この国に対して。
but there are some divergences	いずれにせよ、相違がある
clearly	明らかに
between the two governments	二国の政府の間には
on how to deal with	どのように対応するかをめぐって
such countries.	このような国には。

「われわれは、この国に対してどんな名称を使うか、それさえ合意できないでいる。いずれにせよ、このような国にはどう対応すればいいか、これをめぐって両国の政府には明らかに相違がある」

＊

But overall,	しかし、全体的には
issues that are of concern and	懸念となっている問題(や)
of high priority to Japan,	日本にとって優先度の高い問題、
such as	例えば

return of the Northern Territories from Russia	ロシアからの北方領土の返還
or gaining a seat, permanent membership,	または常任理事国の座の確保
on the U.N. Security Council	国連安全保障理事会での、
and other issues	その他
of diplomatic and political priority for Japan are	日本にとって外交的、政治的優先事項の問題(は)
generally supported	通常、支援を得ている
by the United States.	アメリカの。

「しかし、全体的には、日本にとって懸念となっている問題や優先度の高い問題、例えばロシアからの北方領土の返還や国連安全保障理事会の常任理事国入り、その他日本にとって外交的、政治的に優先事項となっている問題は、通常アメリカの支援を得ている」

*

And also	また
when the United States,	アメリカが
for instance,	例えば
engages in conflict	紛争のただなかにあるとき
in Kosovo or	コソボ(や)
the Persian Gulf,	ペルシャ湾で
the Japanese government is	日本政府(は)
supportive of the United States.	アメリカを支援する。
So overall	だから、全体的に見て
the political relationship also is	政治関係(も)
quite positive and	前向き(で)
cooperative.	協力的である。

「また、アメリカがコソボやペルシャ湾で紛争のただなかにあるとき、日本政府はアメリカを支援している。したがって全体的に見て、政治関係も前向き、協力的である」

*

「ふーっ、大変ですね。こんなに頭を働かせながら聞いていると、すぐクタ

SESSION 7: 情報の順送り理解／スラッシュ・リスニング

クタになってしまいます」

「そのうちに慣れてくると、これがあたりまえになって、無意識でそうするようになりますよ。聞くときは、いつも頭を働かせながら聞く。だから、active listening とも言うのです。厳密に言うと active listening じゃないリスニングは、リスニングとは言えない。聞き終わってから内容を伝えようにも、よほど強烈な印象を受けたものか、簡単なものでないかぎり、頭の中にはほとんど何も残っていない」

「そうなんですね...」

「まだ少し時間がありますから、今度はポーズの入っていない natural sentence で、やってみましょう。どこで情報をひとつのまとまりとみなすか、あなたが自分で決めなければならない。自然に聞いているときと、まったく同じ条件です。最終的には、これができるようにならなければ。テープを流しますが、今度は訳を声に出す必要はありませんから、自分で『うん、分かった。うん、分かった』と、頭の中で押さえていってください」

【皆さんも、CD を聞きながらやってみてください。以下はその文と、頭の中での区切り訳ですが、自分でやってみるまで、見ないこと。CD No. 30】

*

It's the economic relationship, / the third pillar, / which usually finds some level of contention, / as Mr. Mogi said, / perhaps not so much on the local level, / but certainly on the level of Washington D.C. and Tokyo. / Also it's an area / that, I think Ambassador Kuriyama mentioned, / the mass media likes to focus on. / And the mass media like to sometimes exaggerate / and sensationalize the issues.

それは、経済関係 / つまり第三の柱である / 普通何らかの論争が見られるのは // それは茂木さんがおしゃった通りだ //（争いは）地方のレベルよりも / むしろ明らかにワシントンと東京のレベルで起こっている。// また、この分野は / 栗山大使もおっしゃったと思うが、/ マスコミが焦点を当てたがる分野だ。// そしてマスコミは、時々誇張して、/ センセーショナルな扱いをしたがる。

*

「では、今日はこのへんにしておきましょうかね。でも、最後にこのチャートを見てください」（pp. x–xi 参照)

症例②の、『単語は分かるのに、文全体の情報が把握できない』その原因は勉強不足で、文法や構文が分からなかったからというときもあるけれど、それ以上に、文頭からの順送り理解ができていないから、という場合が多いんですよ」

「わあー、面白い表ですね。すごい。単語を知らない→勉強不足...文法など分からない→勉強不足...まるで、私のこと言われているみたいで、耳が痛い。先生、これお借りしていっていいですか」

「差し上げますから、家で、自分は何が足りないか、しっかり分析してきてください」

SESSION 8

音読即訳

集中力を養う

「僕の出張中はずいぶんがんばったみたいだね。さてと、順送りの理解の練習もみっちりやったようだから、今日は『音読即訳』というのをやってみようか。

その前に、今日のレッスンに出てくるちょっと難しいかなと思う単語をリストにしました。今ここでざっと目を通してできるだけおぼえるようにしてください。中にはもう知っている単語もあるかもしれないけど。これです」

*

[このセッションの語彙]

contribution	貢献
refugees	難民
generosity	寛大さ
underlie	基礎となる
gratify	満足させる
U.S.-Japan Defense Guidelines	「日米防衛協力の指針」
concern	懸念、心配
critical	重要な
diminish	低減させる、減らす
threat	脅威
proliferation	拡散
profoundly	大いに
transition	移行
pledge	（お金を出す）約束をする
applaud	賞賛する
commend	賞賛する
stimulate	刺激する

wrenching	痛みを伴う、苦しい
dislocation	混乱
deregulate	規制を緩和する
medical device	医療機器
pharmaceutical	医薬品、薬

*

「こんなにあるんですか？」

「たいしたことないよ。で、音読即訳というのは、英語の短い文章をゆっくり音読して、読み終わったら紙を伏せて、その文章を見ないで、その場ですぐに日本語にするという練習です」

「それってどんな効果があるんですか？」

「ほら、前のセッションでアキコ先生がやった順送り理解の練習では、情報が入ってきた順番に処理するというやり方を習ったよね。あれは何かというと、理解の内容をすぐ言語化することで、それはとっても大切な練習なんだけど、どれぐらい内容を理解したのか、理解がどれぐらい頭に残ったのかは、本当は先生にも分からないんだ」

「でも、ちゃんと訳しましたよ」

「それはそうなんだけど、その時は原文を短く区切って訳したから、文章の全体を読んでどれぐらい理解できたかは分からない。それに、読んで訳す場合はいつも原文が目の前にあるでしょう。手がかりが目の前にあれば、どうしても見てしまう。問題は文の全体を一気に読んで、そのあとでどの程度理解できているかなんだ」

「じゃあやっぱり最後まで待って理解するんですか？　逆戻りしているみたいですが」

「そうじゃない。理解を区切りごとに順番に積み重ねることに変わりはないさ。ただ、それがうまく全体の理解につながるかどうかなんだ。まあいいや。とりあえず一つやってみようか。これをゆっくり読んで、読み終わったら裏返しに伏せる。そして訳してごらん。あまり細かいところにこだわらず、大体どういうことを言っているのかを大づかみにとらえるように。このテキストは1999年5月に小渕首相と会談したあとのクリントン大統領のステートメントです」

【読者の皆さんも英文を声に出して読み、本から目を離して訳してください】

*

It is a great honor to welcome my friend and a friend of the Amer-

SESSION 8: 音読即訳

ican people, Prime Minister Obuchi, to Washington.

＊

「えー、たいへん光栄なことです。私の友人、そしてアメリカ国民の友人、小渕首相をワシントンにお迎えするのは」

「そう、これは短いから簡単だね。大体おぼえていられるはずだ。じゃ、次」

＊

I'd like to thank Prime Minister Obuchi for Japan's strong support of our efforts in Kosovo and for its contribution of $200 million to aid the Kosovar refugees.

＊

「えーと、『私は小渕首相に、日本がわれわれのコソボでの努力を支持し、そして...2...億ドルを...援助...したことを感謝』あれ、何かあと1つあったような...」

「今度は項目が増えたから難しくなったでしょう。抜けたのは and the Kosovar refugees のところだね。まあ、そんなもんでいいでしょう。次」

＊

All freedom-loving people are grateful to Japan for this generosity.

＊

「自由を愛する人々はみんな日本に感謝しています。日本の寛大さに」
「はい OK、次」

＊

Underlying this act and indeed all the policies we discussed today are two basic facts: first, the United States and Japan have common ideals, common interests, a common purpose in the world.

＊

「...うーん、『この行為と、今日話し合ったことの基礎には2つ...の何かで、その1つは日米は共通の理想と』...あともっとあったんですが、『理想をもっている』今読んだばかりなのにおぼえられない...」

「いや、それだけおぼえてりゃ立派なもんだよ。でもまだまだ言葉をおぼえようとしているな。この練習はね、実際使われていた言葉よりもむしろメッセージというか、中心的なアイディアを取り出すようにすることなんだ。もちろん記憶することは大切だけど、全部おぼえようとしても限界があるし、おぼえられるものじゃないよ」

「何か簡単でいい方法はないんですか？」
「そんなに簡単な方法はないけど、基本的には理解が深ければ記憶できる、処理が深ければ深いほどよく記憶できるという説があるね。処理というのはなんて言うかなあ、別の形に変換するとか、自分の持っている知識と結びつけるとか、いろんなやり方がある。今のところなら、たとえばイメージに変換するという手がある。Underlying this act and indeed all the policies we discussed today are two basic facts: は『日本の援助したお金』と『2人の話し合い』のイメージの下に、『2つの事実』がそれを支えているというイメージを描いてみる。そうするとそういうイメージは結構長持ちすることがある。もっとも全然イメージが浮かばないこともあるからこの方法も万能じゃないけどね。さて、次はどうだろう」

*

Second, as the world's two largest industrial democracies, with less than 10 percent of the world's people, we produce about 40 percent of the world's wealth.

*

「第二に、日米は世界最大の先進国。人口は10パーセント以下だが、世界の富の40パーセントを生産している」
「うん、それで十分。数字だけは何とかおぼえないとね。次はちょっと長いよ」

*

We in America are gratified that the Lower House of Japan's Diet has now approved a new set of US-Japan Defense Guidelines to allow us to respond with flexibility and speed to any regional crisis in Asia.

*

「『アメリカは日本の...』Lower House...衆議院か、『衆議院が...ガイドラインを成立させたことを感謝する』先生、きついです。あとは忘れちゃいました」
「これでアジアの危機に...」
「あ、そうそう、『柔軟にすばやく対応できる』」
「そう」

*

We spoke about North Korea and the concerns we share about its missile and nuclear programs.

SESSION 8: 音読即訳

*

「『私たちは北朝鮮について話しました。えー、そしてミサイル、...』何だっけ」
「ミサイルと核兵器プログラム...」
「...への懸念をシェアする」
「うん、それでいい。次行くよ」

*

We're grateful for Japan's continued support for the Korean Energy Development Organization which is critical to our effort to diminish the threat of proliferation in the Korean Peninsula.

*

「『日本が北朝鮮エネルギー...何とかを支援していることに感謝します』...だめです、また忘れました」
「ほら、the Korean (Peninsula) Energy Development Organization は KEDO（朝鮮半島エネルギー開発機構）といえば分かるでしょ」
「あ、KEDO のことなんですね」
「そう。その知識を使えるかどうかがカギだね。the Korean Energy Development Organization の途中あたりで、『あ、KEDO のことだ！』と分かれば、KEDO とだけおぼえておいて、あとは〈朝鮮半島の核拡散の脅威を減らすのに不可欠〉という概念に結びつける。北朝鮮の核やミサイル開発の問題と KEDO についてのちょっとした知識があれば、それと結びつけることでわりと簡単におぼえられると思うよ。ここでは、『日本は KEDO を支援してくれている。KEDO は朝鮮半島の核拡散防止に不可欠』ととらえれば十分だ。これで分かるように、理解というのは自分がすでに持っている知識に、新しく聞いたことをどれぐらいうまく結び付けられるかにかかっているとも言えるね。だから英語の知識だけじゃなくて一般的な知識も大切になる」

*

Finally, we had a good discussion about Japan's economic situation and its strong efforts to build a stable, growing economy for the next century.

*

「『最後に日本の...』経済がどうこうという話だったと思うんですが...忘れてしまいました。あ、次の世紀に向かって何とか」

「ここはちょっと話が飛んでいるからやりにくいんだろうね。本当はFinallyときたところで、あ、ここから別の話題に移るんだなと意識すればよかったと思う。これが音声だったら、たぶんFinallyが強調されたりするから、話題が変わることが意識できたかもしれないね。文字だとポーズとかストレスがわからないから見逃してしまうことがある。ここは『日本の経済について、日本が安定した成長経済を作ろうとしていることについて話し合った』ということだね」

まだまだ続く頭の体操

I want to commend the prime minister for taking a number of very strong steps to restructure Japan's banking system and stimulate its economy.

＊

「小渕首相が、日本の銀行制度のリストラや景気刺激策をとったことを賞賛する」
「そう、それでいいね」

＊

No one should underestimate the challenges the prime minister is facing. The Japanese people are going through a period of wrenching change.

＊

「『小渕首相はとても大きなチャレンジに直面している。日本の人々は...wrenchingな変化を経験している』だったかな」
「うん。それで大体いいと思う。wrenchingは『苦しい』ぐらいでいいかな」

＊

This dislocation, however, is not the result of reform, it is the reason reform is necessary.

＊

「ええー、よく分かりません。dislocationは改革の結果じゃなくて原因、と言ってたのかな」
「最後の文章がよく分からないのは多分原文のせいだと思うよ。もう一度原文を見てごらん。This dislocation, however, is not the result of reform,

it is the reason reform is necessary. だから、『この dislocation は改革の結果ではなく、改革を必要とする理由なのだ』ということ。でも、この This dislocation がしっくりこないと思う。dislocation はうまい訳語がないけど、辞書には『混乱』とか『秩序の崩壊』と出ている。普通は直前の wrenching change を指すと考えていいから、『日本国民が経験している苦しい変化』=『この混乱』が『(改革の結果ではなく)改革の理由だ』→『日本国民が苦しんでいるから改革が必要なんだ』ということになる。それから、忘れないうちに言っておくと、この前の No one should underestimate the challenges the prime minister is facing. を『小渕さんはとても大きなチャレンジに直面している』とやってたよね」

「違いますか?」

「いや、音読即訳の場合はこれでいいんだ。普通にやれば『誰も小渕首相が抱えている課題を過小評価することはできない』になるから、少し意味がずれているけど、今やっている練習は文章のメッセージを記憶することだから、この程度のずれや単純化は仕方がない」

*

I'm very pleased that we have reached agreement under which Japan will take steps to deregulate and to open its medical device, pharmaceutical, telecommunications, housing and energy sectors.

*

「うわー、これ無理ですよー。えーと、『私は日本と合意ができたのがうれしい。日本は規制緩和する。医療機器、薬、通信』...えー、あとはなんか...」

「基本はいいんじゃないの。数字とか固有名詞、あるいはこのようにいろんなものを列挙する場合はなかなかおぼえきれるものじゃないさ」

「えー、おぼえなくていいんですか?」

「いや、どうしてもおぼえておかなければならないことだってあるよ」

「でもどうするんですか、イメージなんて浮かばないし、理解しようったって...記憶術でも使うんですか?」

「さあ、そういう人もいるかもしれないけど、記憶術を使うにしても medical device から列挙が始まることは分からないじゃない」

「それもそうですね」

「一つ何々、二つ何々と、指を折っておぼえるようにすると言った人もいたけど、こういう場合はどれだけ背景知識をもっているかが大事になると思う

な。うんと簡単に言うと、たとえば日米の合意の内容がすでに分かっているとか、交渉のテーブルに上がっている問題は何と何か、そういうことをよく知っていれば案外楽々とおぼえられるかもしれないよ。それから単に言葉とか項目として知っているだけじゃなくて、もう少し内容に踏み込んだ知識があれば記憶の歩留まりはもっとよくなるはずだし、その前段階の文の分析と理解もずっと簡単になっているはずだ」

「うーん。そんな気もしますが...」

「たとえば、この時点での日米交渉の懸案事項が、規制緩和、そして市場開放(その分野は医療機器、医薬品、電気通信、住宅、エネルギー)だという知識があるとしようか。それでもう一度やってみて」

「はい」

*

I'm very pleased that we have reached agreement under which Japan will take steps to deregulate and to open its medical device, pharmaceutical, telecommunications, housing and energy sectors.

*

「私は日本が規制緩和を行い、市場開放を医療機器、医薬品、通信、エネルギー、あ、住宅の分野で行い、行うことで合意したのを...えー、うれしく思う」

「けっこう、けっこう。ま、2回目ということもあるけど、すごいじゃない」

「けっこうできるもんですね」

「前にも言ったけど、すでに知っている知識をうまく利用すれば分析もしやすいし、おぼえやすくなるということだね。なじみのあることは分かりやすいのさ。だけど、知識にばかり頼ると逆効果になることもあるんだ」

「どうしてですか。知識があるほうがいいじゃないですか」

「思い込みってのがあるじゃない。ああ、これは知ってると思うと、今度はその知識に合わないものを切り捨てたり、英語では違うことを言っているのに無理やりつじつまを合わせて解釈するとか。もちろん、ある程度知識がないとリーディングだってリスニングだって本当はどうにもならないはずだよ。文法と単語は知っていても内容が分からないという経験は君にもあるだろう？ 内容が知らないことだらけだったら、その分析に注意が向いてしまって、おぼえるどころじゃないはずだ」

「はあ。そうかもしれませんね」

SESSION 8: 音読即訳

「ところでこの音読即訳という練習はきつかったんじゃないかな?」

「ええ、きついなんてもんじゃないです。普段使っていない脳の一部をたたき起こして働かせているみたい...」

「『たたき起こす』か。そうだね、この練習は本当は僕もあまり好きじゃないんだ。でも、人間てさ、楽したいもんだから、せっかくの能力を使わないで錆びつかせてしまう」

「それで記憶力をきたえるんですね?」

「正確に言うとそうじゃないな。記憶力なんてそんな簡単に伸びるものじゃない。限界があるに決まってるさ。よくリテンションの練習なんて言うけど、あれで記憶力が伸びると思ったら大間違い。そうじゃなくて、ちょっと負荷をかけてやって、使っていない能力を引き出すのが目的なんだ」

「でも何か、ちょっとした助けがあるとずっと楽になるような気がするんですけど。あ、メモしちゃだめですか。読んだ瞬間はおぼえている気がしても、訳しはじめると忘れちゃうんですよね。ほら、特にさっきのいろいろ列挙するところとか、数字とか」

「はは、その通り。そういうところをメモしておけば間違いなく楽になる。でもその前に、メモやノートに頼らないで、できるだけ自分の頭だけで分析したり、記憶するという訓練がどうしても必要なんだ。だから家でもテープやCDを聞いて、自分の記憶だけで意味を言うという練習を続けるといいよ」

Doctors' Conference
中間会議

院長： それではこれから、山田早紀に関する会議を行います。彼女のレッスン進捗状況ならびに現在の状態について、アキラ先生、簡単にご報告願います。

アキラ： はい。これまでにセッションを8つやりまして、内容はお配りした紙に書いてある通りです。

山田早紀のレッスン内容

1. 語彙の強化
    語彙の重要性に気づく
2. 読解力の強化
    理解の前提としての文法構造
3. 聴く力(音声)の強化 ①
    さまざまな英語を聞く
4. 聴く力の強化 ②──シャドウイング
    native の速い英語を聞く
5. 聴解力の強化──「漫然」聞きから「厳密」聞きへ
    「単語」が分かっても、「意味」を理解したことにならない
6. 順送り理解 ①──区切り読み(スラッシュ・リーディング)
    文末からの訳し上げ「さらば!」
7. 順送り理解 ②──区切り聞き(スラッシュ・リスニング)
    人がしゃべることは、後ろから聞けない!
8. 集中力をつける──音読即訳

彼女の場合、問題は語彙や文法など地道な努力を要求する勉強が不足していることや、時事問題・一般教養の面で知識・関心ともに非常に欠ける

ところがある、という点でした。反面、佐藤雄太さんと違って、音声面はほぼ問題なし。そういう診断だったので、まず、彼女が苦手とする語彙の強化や文法構造の勉強から入ったのですが...

リュウコ: それが大変だった。違いますか、アキラ先生? 彼女はとにかく机に向かって勉強するのが大苦手というタイプだから。

アキラ: そう、最初はかなり露骨に抵抗しましたよ。「私はリスニングができるようになりたくてこの学校に来たんだ。なにもこんな難しい経済記事なんか読めるようにならなくていい」と食ってかかったりして。ね、院長。

院長: 日本の英語教育の批判もしていましたよね。単語や文法を重視しすぎるから、いつまでたっても英語がしゃべれるようにならない、と。

ユミコ: それもあながち誤りではありませんけどね。

院長: そう。ただ彼女の場合は、ひとつ激しい思い込みがある。「言葉は直感で覚えるもの、体で覚えるものだ」と、まるでお題目のように信じ込んでいる。文法を云々しているから、自然な英語が身につかない、英会話学校の先生にそう言われたって。体で覚えるのはもちろんけっこうだけれど、そこに行きつくまでにどれだけ文法的試行錯誤を繰り返していることか! そのへんのところを忘れて「自然に身につけよう」なんで言う人がいるから、かえって混乱が生じてしまうんですよね。

ユミコ: その通りです。幼児が言葉を「体で習得」していく様子を見ていても、実はその時点で持っている文法の知識をもとに自分なりにいろいろ試してみて、まわりの人の反応を見て正しいものを選びとっていくんですよね。私の息子もそうでした。彼にとって一時、bring の過去形は brang, eat の過去形は eated でした。彼なりにちゃんと規則にのっとって、動詞を活用させていたんですよ。

院長: 私の娘もそうでした。お遊びから帰ってきたのを迎えて、「つまらなかった?」と聞くと、「ううん、つまった」というお返事。みんなで大笑いしました。それはともかく、山田早紀のことに話を戻して、彼女は最初抵抗したけれど、その後はかなりよくなりましたよね。

アキラ: 彼女のいい点は、納得したらけっこう素直についてくるという点です。語彙にしても、「そんなにたくさん単語を知らなくてもしゃべれます」なんて言っていたけれど、院長から「でも、聞くためには話し手のレベルにまで語彙を増やさなければ聞けない」と言われて、「それもそうだ」とおとなしくなりました。文法にしてもそうでしたよ。構文が分からない文は、耳から入れても当然分からない。読んで理解できない文は、聞いて理解で

きるはずがない。彼女、納得しましたよ。

リュウコ： 宿題はどうでしたか。面接のときの印象では、大量に出る宿題がとてもこなせるように思えませんでしたが。

アキラ： その点に関しては、最初のセッションで院長からガツンと言い渡されて以来、二度と文句は言いませんでした。「これくらいの勉強量で悲鳴をあげるのなら、やめていただいてもいっこうにかまいません」と言われて。

リュウコ： 院長は怖いときは怖いですからね。とにかく凄味がある、ウフフ。

院長： なんですか、それ、リュウコ先生。

リュウコ： いえ、別になにも、オホン。

院長： 私はトトロのように優しいですよ。

アキラ： とにかく早紀は意外なタフさを見せてくれました。彼女にとって、前半のこの8セッションは、これまでの彼女と英語の付き合いのあり方が次々と打ち砕かれていく過程でもあったわけです。語彙は知らない、文法もダメ。では、彼女が得意とする「聴く」ことについてはどうか、というと、ここで彼女がまず聞かされたのが、彼女に言わせると「とてもきたない」アフリカ人の英語。発音なんかまねしてうまくなれるような「きれいな」英語を聞きたい、日頃ネイティブ・スピーカーの英語しか聞いていないから、こんな訛りのある英語なんか聞けないと言って、ここでもこっぴどく院長に叱られる。言葉は内容なんだ。ペラペラとネイティブなみの発音でおしゃべりできるようになりたいだけなら、とっととどこか別の学校に行ってくれと。

院長： そんな過激な言葉は使いませんでしたよ。でも、あのときは本当に腹が立った。ツツ大主教の英語を「きたない」と言ったのですから。言葉は人の心や頭に橋をかけるためにある。それができれば「きたない英語」なんてない。そういう意識改革が早紀には必要だったのです。

ユミコ： そうですね。私は音声学の専門家ですから、やはり発音は大事にしますけど、でもみんな何もネイティブのような発音でペラペラ話さなければならないというわけじゃありません。ちゃんと通じれば、多少標準通りじゃない発音でもいい。このツツ大主教の発音だって、これで十分に伝わりますものね。

リュウコ： ユミコ先生のおっしゃる通りだと思います。これに比べると、イギリスの北部の方の英語や下町のコックニーなんかの方が、ネイティブの英語なのに、よほど分かりにくい。ただ日本人のようにすべて母音で終

わるローマ字風英語発音だと、伝わらない。そう、ツタワラナイ。だから問題になるんですよね。せっかく勇気を出して"A-i-uddo-raiku-tsuu-habu-samu-uotaa"と言っても、"I beg your pardon?"と返ってくるのがおちですから、そうすると気持ちが萎縮してしまって、二度と英語なんか口にしたくなくなりますよね。

ユミコ： だから私は日本の学校でも、文法を教える前に、まず、発音、つまり音声の基本を教えるべきだと思うのです。私たちがちょうど佐藤さんに対して行ったようなレッスンをすべきだと。ただ、それを教えられる人がほとんどいないから、改革を叫びながらも、ずるずるとこれまでと同じような教え方が続いている。音声の基本は外国人講師だけでは教えられないんですよね。日本語の音声も分かっている人じゃないと。「僕の言うことをよく聞いて、それをまねしてごらん」なんて言われても、そもそもrとlも識別できない耳なんですから、いったい何をどうまねすればいいかも分からない。

リュウコ： そうですよ。これからは小学校でも英会話のクラスを設けてもよいことになりましたが、今、中学校で教えているようなやり方での英語教育をそのまま小学校に持ってきて若齢化をはかっても、ほとんどなんの得にもならない。時間の無駄ですよ。せっかく小学校でやるのなら、是非とも音声をやってもらいたい。学んだ言葉はすべてネイティブにも分かるように発音できて、伝わるように。裏を返せば、声に出して使えないものは、何ひとつ教えない、ということです。

アキラ： とても面白いディスカッションですが、時間もあまりないので、早紀のことに話を戻してもいいですか。

リュウコ： ごめんなさい、アキラ先生。どうぞ、お願いします。

アキラ： で、早紀はネイティブの英語ではない英語をいろいろ聞かされてから、やっと待望のネイティブの英語に入った。確かに彼女は耳もよく、口もよくまわって、シャドウイングなんかうまいもんでした。が、シャドウイングができたからと言って、それでは内容が分かっているかというと、全然そういうわけじゃない。ただ漫然と分かったところだけ聞いているというタイプの典型で、非常にアバウトな理解しかできていない。「あなた耳も口もよく動くけど、頭は動いていないんじゃないの？」と、またしても院長の過激発言があって一触即発の事態。でも早紀はここでも耐えて...

院長： 私だって耐えていたんですよ。

アキラ： どうしたらちゃんと内容がきっちり聞きとれるようになるのか、教

えてほしいと、初めて本当に真剣にそのものになったのです。

院長： そこで、レッスンの正念場とも言える、「順送り理解」を徹底的にやりました。文をすべて文頭から厳密に、ほぼフレーズ単位で意味付けさせていく。学校でやってきたような文末からの訳し上げはいっさいやめて、文頭から情報としてとりこんでいく。そのためには、単語レベルではなく、述部も含めた「意味」として、ひとつひとつフレーズを確実におさえていく。このやり方が早紀にとっては、ひとつの啓示ともなったようです。彼女は納得して、夢中になって取り組みましたよ。もちろん最初のころは原理としては理解できても、これまでのクセがなかなか抜けず、苦闘していましたが、やっとこのごろ少し慣れてきたようです。これは明らかに彼女にとって、ひとつの breakthrough（突破口）でしたね。

アキラ： そして、先週はこうして文頭から処理し、情報化したものをためていく集中力強化のレッスンとして「音読即訳」をやって、これでリスニングの基本はすべて履修できたと思います。あとは練習を重ねるのみです。

リュウコ： ということは、山田早紀のレッスンは思った以上に成果が上がっているということですね。

院長： そうですね。私は彼女はなかなか見どころのある子だと思っています。甘やかされて育ってきたから、つらいことは避けて通りたがるかと思っていたのですが、ずいぶんがんばっていますよ。

リュウコ： 院長とアキラ先生の組み合わせもいいんじゃないですか。院長がじわじわと彼女を締めあげる。自分の弱点に気づかせる。そして彼女が悲鳴をあげそうになったところでアキラ先生が出てきて、彼女を救い出す。

ユミコ： そうですよ、アキラ先生。気をつけてください。彼女、先生に恋してしまうかもしれませんよー。

アキラ： 変なこと言わないでくださいよ、ユミコ先生。こんなくたびれた中年の男を、誰が好きこのんで。

リュウコ： あーあ、アキラ先生はやっぱり女心がちっとも分かっていない。

SESSION 9
多読・多聴

勉強量——クリティカル・マス

「こんにちは。あれ、早紀さん、何か今日は緊張してない？」
「いえ、あの、今日は何をやるんですか？」
「ははあ、順送り理解とか、音読即訳とか、日替わりでいろんなことをやってきたから、今日も何か新しいことをやらされると思ったんじゃないかな？」
「はい、まあそんなとこです」
「そんな心配することはないよ。リスニングの要点は、もうほとんど全部カバーしたからね。語彙、文法、文頭からの順送り理解、背景知識——これらがいかに重要かということ。それに、もちろん英語の音声が聞き取れるということもね。でもこれに関しては、君はあまり問題なさそうだから、これまで紹介したいろいろな勉強法をしっかりやっていれば確実に力は伸びていくはずだ。外国語の力をつけるのに早道はないということが分かってきたでしょう？ 簡単に『フィーリングで分かるようになる』なんてことはないのさ。でもね、効果的な勉強法はある。
　そこで今日はちょっと趣向を変えてそのひとつ、勉強量の問題について話そうか」
「1日何時間とか、そういうことですか？」
「うーん、たしかに結局は時間の問題になるんだけどね。critical mass って知ってるかな？」
「聞いたことありませんけど」
「原子物理学の概念で『臨界質量』というんだ、僕も詳しいことは知らないんだけど、たしか核分裂反応が起きるレベルのことだったかな。もちろん、ここではたとえとして言っているんで、『ある反応や結果を得るために必要な量』と考えていい。語学で言えば、ずっと苦しい勉強を続けていって、ある時突然、それまでさっぱり分からなかったり、ぼんやりしていたところが『分かる！』という状態になることだ。一説ではそれは約 2000 時間と言われ

ている」

「2000時間ですか!」

「そうガッカリすることもないさ。1日1時間で5年、2時間ならその半分だ。それにその人が今どのレベルにいるのかも関係するから、いちがいには言えない。むしろ、その中身——何をどう勉強するかも問題だよね。ここで言いたいのはその critical mass に到達するための『多読・多聴』ということなんだ。簡単に言えばいろいろなものをたくさん読んで、たくさん聞くこと」

多読

「でも先生、そんな時間、なかなかありません。特に、これまで先生方が繰り返し強調されたように、分からない単語は調べてちゃんと単語帳を作り、文を読むときも聞くときも、ただ適当に聞き流したりするのじゃなくて、何ひとつ聞き落としがないよう、文の始めからきっちり理解を積み重ねていくというようなやり方をしていると、とても時間がかかるんですもの」

「そういう疑問が出てくるのも当然だろうね。で、早紀さん、ここでちょっと僕の妹のことを話したい。妹は1960年代末、高校のときアメリカに留学し、ごく普通の高2のクラスに入った。もともと英語が好きで、日本でも英語に強いと言われるミッションスクールに通っていたんだけれど、あちらの高校に入って、そりゃあ大変だったという。数学、英語、つまり日本でいうと『国語』だよ、外国人向けの特別英語講座じゃなくて、そのほか、生物と米国史、そして体育と、全く普通の高2のコースをそのまま取ったんだ。すべての科目を予習・復習する余裕などとてもない。特に大変だったのは英語で、毎週1冊のペースで文学作品や戯曲を読まされる。とにかく大変な分量。しかも知らない語彙が次々と出てきて、いちいち辞書を引いて単語帳を作ってることなど、とてもできない。そこで、内容がだいたい分かれば、半分ぐらい分かれば、もうそれでよしとして、どんどん読み飛ばしたそうだ」

「...」

「でもね、歴史や生物は週に1章ぐらいしか進まないから、がんばればちゃんとフォローできる。単語は辞書を引いて調べ、ノートに書き留める。それに1章ごとにその内容を outline 方式でノートにまとめたそうだ。

このように分野を限っても最初は知らない単語が膨大な数にのぼった。abolish って何? secede って何? でも多くは、米国史をやっていると繰

り返しでてくる単語だから、そのうちに作業は少しずつ楽になってくる。あれからもう30年になるけれど、abolitionist＝奴隷制廃止論者、secessionist＝連邦離脱論者、prohibitionist＝禁酒法賛成論者など、妹にとっては、寝言でも言えるぐらい懐かしい言葉だそうだよ」
「その妹さん、今どうなさってるんですか？」
「出版代理店に勤めてるよ。妹の話をしたのはね、早紀さんもう察しがついていると思うけど、時間的制約ゆえの窮余の策とはいえ、彼女、なかなかバランスよく、うまくやっていたな、と感心するからなんだよ。雑でも量をこなすものと、緻密に丁寧に学習するものと、同時並行させている。ベッドに寝転がってでもやれるものと、ちゃんと机に向かって集中的に取り組むものと。そしてこの間に、彼女の語学力は飛躍的に伸びた」
「想像がつきます」
「語学の習得には、この両方のアプローチが必要なんだ。何もかもきっちりやろうとすると、時間がかかって、遅々として進まない。それでは処理量が絶対的に不足し、効果的に望ましい結果を得るための十分量、つまりcritical massに達しないんだ。しかし、だからといって雑なやり方ばかりだと、確実に習得したものがちっとも増えない。だから、語学をマスターするためには、前回までやってきたような『精読・精聴』と並行して『多読・多聴』もするという2つの柱が必要なんだ」
「とても納得がいきました。『多読・多聴』的なことは、私、これまでにも、少しやっていたような気がします。私が時々、アメリカのファッション雑誌や女性誌を買って、気楽に分かるところだけ読んでいたのも、多分、多読の一種ですよね」
「その通りだよ。それに妹は、軽いペーパーバックなんかもずいぶん読んだと言っていた。『風と共に去りぬ』なんかも英語で読んだらしいよ。その前に映画を見て話の筋なんか知っていたから、分からない言葉や文章はどんどん飛ばしてね」
「あ、私も時々ペーパーバック買います」
「それはいいことだよ。で、早紀さんは、英字新聞は読んでるかな」
「ええ、自分でとってますし、職場にも何紙かあります」
「日本で出ている英字新聞ならなじみやすい記事も多いし、日本語の新聞を一緒に読んで内容を類推することもできる。まずそのあたりから始めるといい。
読み方だけど、ざっと読んで大体の内容が分かればいいと思う」

「この場合も辞書は引かなくていいんですね？」
「うん、どうしても気になるキーワード以外はね。とにかくひとつひとつの記事を辞書を引かずに最後まで一気に読み通す。気になる単語は下線を引いておいて、あとでまとめて辞書を引くようにする。知らない単語が多少出てきても、知っている単語と文脈から全体の内容を推察する力をつけていくことが重要なんだ。それから早紀さん、*Time* とか *Newsweek* とか、ニュース週刊誌は読んでる？」
「あの、たまに買うことはあるんですが、難しくて...ほんの少ししか読めません」
「うん、そうだろうね。でもね、本当はあんなのやさしいの！」
「あんなのって...先生」
「難しいと思うのはたぶん語彙が足りないせいなんだよ。中身が難しいわけじゃない。だって基本的にはニュース雑誌なんだから、多少分析はあるだろうけど、大部分は事実を報道しているだけ。難しいわけがない」
「はあ...」
「ちょっと飛ばしすぎたかな。確かに最初は難しいでしょう。どうしたって知らない単語が多いから辞書も引かざるをえない。引くのは最低限にしておくにしてもね。で、時間をかけてもあまり進まないよね。とても苦しいし、フラストレーションもたまると思う。でも、それはやっぱり critical mass に至るために必要なことなんだ。

で、ここからが大事なんだけど、*Time* とか *Newsweek* の場合は、最初はカバーストーリーを読むのがいいと思う。本屋さんで手にとって、このテーマなら知ってるというのがあれば買って読んでみるといい。カバーストーリーは他の記事に比べて長い。でもその分そんなに凝縮されていないから読みやすいと思う。あとは面白そうな記事を数ページ読んでおけばいい。理解度は50％、いや51％でいいことにしよう。つまり半分以上、だよ」
「英字新聞とニュース週刊誌、読むのはこれだけでいいんでしょうか？」
「とりあえずそれでいい。あとはプラスアルファとして自分が興味を持てる分野のものを本でもペーパーバックでも、何でもいいから読んでいく」

多聴

「わかりました。じゃ『多聴』のほうはどうでしょう。何を聞けばいいんですか？」

「早紀さんは衛星放送とか見てるかな？」
「ええ、ケーブルテレビに加入してますから」
「それはいいや。じゃあ衛星放送だけじゃなくて CNN International や BBC World も見ようと思えば見られるわけだ。ケーブルテレビのエリア以外の人でも、小さなアンテナで衛星放送や CS 放送が見られるよね。全部ダメな人でも地上波の音声多重放送は聞けるはずだ。まずこういうテレビ放送を利用する。1日1時間ぐらいは聞いて欲しいな。お風呂の中や電車の中で音声テープを聞くのでもいいから。もちろん全部分かるわけはないし、分からなくてもいい。聞き流すだけでいい。そうだな、これも 51% 分かればいいとしようか。

ただし、誤解のないように繰り返すよ。このほかに、精聴が絶対に必要だということ。よく『AFN や衛星放送を浴びるように聞いていれば、そのうち英語が聞けるようになりますか？』と聞かれるけど、僕の答えは No. それだけでは、いつまでたっても聞けるようにならない。もちろん何らかのプラスにはなるだろうけれどね。それが多聴というものさ」
「でも先生、何を聞けばいいんでしょうか？」
「ああそうか。お薦めは、NHK の衛星放送なら "ABC World News Tonight" と "Jim Lehrer NewsHour" だね。CNN と BBC は最初は国際ニュースがいいと思う。外国の国内ニュースは背景がよく分からない場合が多いから。討論番組も難しいよね」
「テレビ以外は聞かなくていいんですか？」
「いやいや、そんなことはない。時間があればそれ以外にも聞いて欲しいな。市販の教材もあるし、付属のテープや CD なんかはどこでも聞けるでしょ。そうやって少しずつ critical mass に近づいていくんだ」
「映画はどうでしょうか？」
「いいと思うよ。あれこそ、気楽な多聴にぴったりだ。映画なんて 50% も聞き取れたら万々歳だと思って見ればいい」
「時々、映画見たあとで、ペーパーバックを買って読むんです。さっき妹さんと『風と共に去りぬ』の話が出ましたけど、私も同じようなことをするんです。で、ペーパーバックを読んでから、もう一度映画を見にいくと、とてもよく分かるような気がして。今、これ読み始めたんですよ。Anna and the King. この間映画見て、とても感動したから」
「早紀さん、君はとってもいい勉強の仕方をしてると思うよ」
「あっ、先生にほめてもらえてうれしいな。なんだか勉強の仕方が本当にわ

かってきたような気がします」

早紀のひとりごと

　そうか、私はこれまで多読・多聴は割とやってきたんだけど、精読・精聴はほとんどやってこなかったから、英語が確実に使えるようにならなかったんだな。でも、映画見て、それからペーパーバック読んで、それからまた映画を見るのはいい勉強だとアキラ先生に言ってもらえて、よかった。これなら、苦なく「勉強」できるもの。アキラ先生、妹さんがいることは分かったけど、奥さんはいるのかな。初めて会ったとき、よれよれの白衣で、なんとダサイ人と思ったけれど、よく見ると、なかなか魅力的な立派な顔立ちなのよね。シンちゃんなんかには全然ない、静かな優しさと威厳がある...

SESSION ● 10
ワンテーマ方式での総合的勉強をする

ひとつのテーマを集中的に

「多読・多聴と精読・精聴——語学はこの2つで攻めるというやり方、アキラ先生の授業を受けて、納得いきましたか？」

「ええ、とても。これからはぜひこの2本立てでやっていこうと思います」

「リスニングに関してはいろいろな説がありますが、ひと頃のように exposure を繰り返していれば、そのうちに自然に分かるようになるという説は、この頃はあまり聞かれなくなりましたね。子供が母語を習得していくプロセスを調査した研究がいくつかありましてね、それによると、子供は単なる exposure から言葉を学ぶわけではないということが明らかになったそうです。他の人たちの言葉のやりとりを、ただそばにいて耳にしているだけでは学習につながらない。自分に対して向けられた言葉からしか学ばないというんです。言葉をかけられて、自分も当事者として interaction に参加して初めて、学習につながる、って。ま、それはともかく、今日は効果的な勉強法をもうひとつ紹介したいと思います。早紀さん、ちょっとこの語彙リストを見て」

*

ITRI	国際スズ研究所
ETINSA	欧州スズ安定剤協会
⋮	
TBT	トリブチルスズ
TPT	トリフェニルスズ
⋮	
acetic acid	酢酸
hydrochloric acid	塩酸
⋮	

*

「何ですか、これ、いったい。まだまだ続くけど」

「そう、全部で300語ぐらいあるかな。以前やった、有機スズに関する会議の語彙リストです。環境に関する会議だからと言われて引き受けたところ、環境汚染物質、中でも特に有機スズに関する、まるで化学の会議。化学音痴の私はとても苦労したんですけれど、せっかくこうしておぼえた語彙も、次の世界総会のころには、すっかり忘れてしまっているでしょうね。2年後ですからね」

「あー、ずいぶんむだですね」

「そう。じゃあ、次はこれを見て」

「心理学か精神医学の会議ですか。ablation — 剥離、abstinence symptom — 禁断症状、abulia — 意欲喪失、addiction — 嗜癖（しへき）、amygdala — 扁桃体、anorexia — 拒食症...これも300語ぐらいありますね」

「でも、こちらは年に4回ぐらい通訳を引き受けている分野だから、そんなに完全に忘れてしまわない。半分ぐらいおぼえているかな。じゃあ、次はこれ」

「むずかしそうな言葉がたくさん並んでいますね。テーマは軍事・外交か軍縮ですか」

「そうよ。NPT — 核拡散防止条約、CTBT — 包括的核実験禁止条約、FMCT — 核分裂性物質生産禁止条約、weapons of mass destruction — 大量破壊兵器...この分野は私が一番よくやっている分野で、そうね、月に2、3回はやってるかしら。だから用語はほとんど全部すらすら使える。『せっかくおぼえた単語』を忘れる暇もないぐらい」

「ああ、そういうのって理想的ですね」

「だから今日はあなたに、そういう勉強法を教えようと思うのよ。ワンテーマ主義勉強法。ある一定期間、同じテーマを追うの」

「はあ...でも、どうやって？」

「この間のアキラ先生のクラスで、あなた英字新聞をとっていると言ってたわよね。その新聞、どういう読み方しているの？」

「実は、あまり読めていないんです。あんまりにもいろいろなことが載っているから、それに圧倒されてしまって、プレッシャーなんです」

「あれもこれも全部読まなくちゃいけないと思うからじゃない？ 一面だけでも大変よね。例えば、今日の新聞の一面を見て。日本の政権交代の話から長引く有珠山噴火の話、愛知での殺人事件、アメリカの大統領選、インフレを懸念して連邦準備制度理事会のグリーンスパン議長が利上げをした話。そ

れに二面の日本国内ニュース、三面、四面の海外ニュース、その後の経済ニュース、それに文化やスポーツの記事もあれば、論説や意見のページもある。とても半分だって読めないわ。でも、せっかくお金を出して買っているんだから...と思うと、捨てちゃうわけにいかない」

「全くその通りなんです。いつか読もうと思って、部屋のすみにとっておく。それがどんどんたまっていくのがこれまたストレスで...どうせ読めなくて、そのうちに捨てちゃうことになるんですけど」

「だから、初めからちゃんと読もうなんて思わないことなのよ。今週は例えば政権交代の話だけにしよう、それさえ読めれば、あとは見出しにさっと目を通すだけでよしとすると決めるの。そして、政権交代に関しては知らない単語は辞書を引いて、単語帳も作る。最初は膨大な数になると思うわよ、うんざりするくらい。でも、次の日は『あ、この単語はきのう出てた』というわけで、知らない単語は半分ぐらいに減っている。3日目になるとさらに減って...という調子。この間、日本語の新聞でも政権交代の記事を追う。日英両方つき合わせて読むと、『ああ、一人区は英語では single-seat constituency って言うんだな』とか分かる。一人区とは何なのか分からなければ、『現代用語の基礎知識』や『イミダス』を引くと説明が出ている。だから、同じテーマをしばらく追うことで、単語も背景知識も同時に蓄積できるのよ」

「本当にそうですよね！ それに、きのう調べた単語が今日また出てくる、今日のものがまた明日...と続くから、忘れる暇もない。あの有機スズみたいな話にならないのですよね」

「そうよ。日を空けず、頻繁に目にしたほうが定着度が高くなるのは明らか。それに、その間テレビのバイリンガル・ニュースもちゃんと録画しておいて、政権交代のニュースだけは何回も聞き直して、80％ぐらい分かるようになるまで勉強する。そうすれば listening comprehension も同時にできるでしょ。新聞を読んで単語のチェックもかなりできているから、何も知らないものを突然聞くより、ずっとうまくいくはずよ。読んだり聞いたりしたものを、さらにちょっと英語で要約したり、レポートにまとめたりすると writing の勉強になる。さらに、それを誰かに説明しているつもりで声に出して読んだり、それをもとにして話したりする練習もすると、speaking の練習にもなる——というわけで、ひとつのテーマを中心に reading, writing, listening, speaking の4 skills 全部練習できる」

「4つの skills も、同じテーマで、同じ語彙を繰り返し使ってやったほう

が、当然効率的ですよね」

「ええ、でも 1 週間はちょっと短すぎるかもしれない。2、3 週間続けて追ったほうがいいかも。いずれにせよ、一応カバーできたな、と思ったら、新しいテーマに移る。『これからの 2、3 週間は殺人事件だけ読もう』てな具合。そして 3 週間後、あなたは殺人英語のエキスパートよ。あら、アキラ先生、もう時間ですか？ 早紀さん、私はちょっと急用ができたので、今日は残りの時間はアキラ先生がワンテーマ方式総合的勉強法について、具体例を示しながらご指導ください。次回、私のほうからも『女性の地位』中心に少しやってみますから。それでは、アキラ先生、お願いします」

日米安保問題

「...それでは早紀さん、ちょっとこれを読んでくれるかな。これは 2000 年 3 月 17 日にコーエン国防長官が日本記者クラブでやったスピーチの一部だ」

*

Our alliance has never been so critical and our cooperation has never been so close. When President Clinton and former Prime Minister Hashimoto signed the Security Declaration in 1996, they reinvigorated the U.S.-Japan relationship for a new century and made a strong alliance even stronger. Together, we updated the Guidelines for U.S.-Japan Defense Cooperation to ensure that we are prepared for today's challenges.

In recent years, U.S. Forces in Japan have renewed our commitment to be a good neighbor. The best example is how well the governments of Japan and the U.S. have worked together in the SACO process to address concerns of the people of Okinawa.

*

「えー！ なんだかよく分かりません。Security Declaration とか Guideline とか。どうして good neighbor が出てくるんでしょうか？ SACO も知りませんし...」

「でしょ？ だけど実際はそういうのは全部英字新聞に出てきているんだ。当然日本語の新聞でも報道されているから、それがどういうことか、日本語でどう言うのかも新聞を読んでいれば全部わかるはずだ。でも普通の人はあ

SESSION 10: ワンテーマ方式での総合的勉強をする

まり関心はないかもしれないし、その時は分かってもすぐ忘れてしまうかもしれない。ところが、そのトピックを継続して追いかけていくとだんだんに全体像が分かってくるんだ。要するに知識や情報が蓄積されていって、それが理解を促進するようになる。

だから、アキコ先生もおっしゃっていたように、総合的勉強というのは、何か一つテーマなりトピックを選んで、それを一定期間追いかけてみる。そして分からないことがあれば、それに関連した解説書なんかを読んで理解を深めて行くといい。このテーマを今から勉強しようとするなら、たとえば江畑謙介さんの『日本の安全保障』（講談社新書）という手軽な本があるから、そのへんから入るといいね。この本を読むと the Security Declaration in 1996 というのは、ソ連の軍事脅威から日本を守るという目的がなくなったあと、日米安保条約の意義を再検討したもので、『日米安全保障共同宣言』というんだということが分かる。また Together, we updated the Guidelines for U.S.-Japan Defense Cooperation to ensure that we are prepared for today's challenges. という文の意味は、1978 年に作られた『日米防衛協力のための指針』（旧ガイドラインともいう）を見直して、日米協力の内容をより具体化した新ガイドラインを作ったということなのだということが分かる。SACO というのは沖縄の米軍基地の整理縮小を検討するための『沖縄に関する日米特別行動委員会』（Special Action Committee on Okinawa の頭文字を取って SACO［サコと発音］とした）であることもちゃんと書いてある。a good neighbor になるというのは、1995 年に沖縄でアメリカ兵による少女暴行事件があったけど、ああいう治安問題や基地周辺の騒音問題や実弾射撃場の問題など、周辺住民の不安や心配を取り除くということなんだということも徐々に分かってくる。こういうことって背景があるからさ、言葉だけから理解するのが難しい場合もある。自分の持っている背景知識で補う必要がある。そうやって理解を少しずつ深めながらそのトピックに関連する単語帳を作るといい。最近の例だと英字新聞には "sympathy budget" とか the Japan-U.S. Status of Forces Agreement とか出ているね。こういうのをまとめてテーマ別、トピック別の単語帳にするんだ。ちょっとサンプルを見せようか」

*

the US-Japan security treaty　日米安保条約
host-nation support　受入国支援(受入国としての)駐留米軍への財政的支援(ホスト・ネーション・サポート)

Status of Forces Agreement (SOFA)　日米地位協定(の運用改善)
the Special Measure Agreement　(在日米軍駐留経費負担増)新特別協定
the New National Defense Program Outline (NDPO)　新防衛大綱、新しい「防衛計画の大綱」
a joint "Security Declaration"　安全保障に関する共同宣言
SACO (Special Action Committee on Okinawa)　沖縄に関する特別行動委員会
the Defence Guidelines (DG とも)　「防衛協力の指針」
2＋2　日米安全保障協議委員会
SCC (Security Consultative Committee)　日米安全保障協議委員会
SSC (Security Sub-Committee)　日米安全保障高級事務レベル協議
SDC　防衛協力小委員会
Bilateral Coordination Mechanism　日米間調整メカニズム
bilateral coordination center　日米共同調整所
ACSA (acquisition & cross-service agreement)　物品役務(えきむ)相互提供協定
the Mutual Defense Assistance Agreement　日米相互防衛援助協定
the "sympathy budget"　「思いやり予算」
theater missile defense (TMD)　戦域ミサイル防衛
the Quadrennial Defence Review　四年次見直し
the Futenma Air Base　普天間飛行場
realignment and consolidation of US bases　基地の整理・統合
sea-based facility　海上施設
moving artillery firing　実弾砲撃訓練射撃場の移転
noise abatement　騒音軽減問題
replacement facilities　代替施設
"prior consultation system"　事前協議制
the Japan Defense Agency (JDA)　防衛庁
Defense Facility Administration Agency　防衛施設庁
Director-General of the DFAA　防衛施設庁長官
collective self-defense　集団的自衛権
the territorial integrity　領土の保全
regional crisis　地域的危機
emergencies in the surrounding area　周辺有事

situations in areas surrounding Japan　周辺事態
areas surrounding Japan　周辺地域
the nature of the situation　事態の性質(に着目したもの)
normal circumstances = peacetime　平時
Japanese territory　日本の領土
territorial waters　日本の領海

*

「こんなにあるんですか？」
「そんなに多くないよ。先生の単語帳は日米安保関係だけでこの10倍ぐらいはあるよ。こういうのは調べるのが大変そうだけど、ほとんど新聞に出てるし、防衛庁や外務省のホームページを見ればほとんど分かる。アメリカの国防総省や国務省のホームページにもいっぱい資料があるよ」
「でも聞くほうはどうするんですか？」
「そうだね、音声の素材はあんまりないかもしれない。でもNHKの音声多重ニュースはあるし、あるいは今度のようにアメリカの国防長官が来日したり日本の首相や外相が訪米したときには記者会見を放送することが多いから、そのへんが狙い目かな。
　聞くほうも一緒にやりたいというのならABC World News TonightとかCNNを毎日チェックして、継続的に出てくるニュースを追えばいい。4年に1回、11月まで続くアメリカの大統領選挙もいいし、経済ならいつでもやっている。できれば時にはあえて自分が苦手な分野とかテーマを選んで勉強して欲しいな。
　前回と今回のセッションをまとめてみよう。
① 多読・多聴: 50％以上の理解をめどに、幅広く読んだり聞いたりする。
② ワンテーマ式総合的勉強: 1つのトピックを一定期間持続的に勉強し、知識と情報を蓄積する。
　①と②を組み合わせれば、広く浅くと狭く深くという2つの勉強を並行してすすめることができる。こうすれば飽きもこないし、視野を狭めることもなく、言葉の表面的な勉強におちいることもないはずだよ」

SESSION● 11
ワンテーマ方式勉強法(2)

女性の地位

「では今日は女性の地位、女性の生き方に焦点を当てて、ワンテーマ式勉強法を続けますね。これから女性としていろいろな問題にぶつかって生きていく早紀さんにも、関心がある分野じゃありませんか？」

「ええ」

「女性の地位、あるいは gender issue（女性問題）を語るとき、最近、必ず出てくるキーワードが３つあります。marginalization, mainstreaming, empowerment の３つで、marginalize は『社会の進歩から取り残す』とか『社会的に無視する』ということ、empower は文字通り『力を与える』という意味。時々『地位向上』と訳されていることもあるけれど、地位だけじゃなくてもっと全体的な生きる力の向上、しかも外から与えられたものだけじゃなく、内から育てていくものも入っている、というので、なかなか一言で訳せない。で、そのまま『エンパワメント』とカタカナで言うことが多いのですが、『社会的に取り残された（marginalized された）女性を empower して（つまり彼女らに力を与えて）、社会の主流に組み入れよう（mainstream 化しよう）』ということです。女性だけじゃなく他に少数民族や障害者など、いわゆる社会的弱者全般に対して、最近よく使われています。で、早紀さん、ずっと前に、エジプトのお医者様のスピーチをクラスで聞いて、訳を宿題に出しましたよね」

「ああ、分かりました！　あれ、女性の地位、gender の問題についてだったから、このセッションで使うのですね」

「そう。あのとき、あなたが提出した訳にはかなり間違いがありましたが、時間に制約があるので、ここで詳しくやることはしません。あなたの訳を添削したものと、一応参考までに私が作った訳をお渡ししますから、家で自分で復習してください」

【皆さんも p.129 の原文と以下の訳例をつきあわせて、勉強してください】

SESSION 11: ワンテーマ方式勉強法（2）

＊

［Fathalla 博士スピーチの訳例］

　皆さんに伝えたい最初のメッセージは gender equity（男女の平等）とは、楽しい会話のトピックといった軽いたぐいのものではなく、生きるか死ぬかの真剣な問題であるということ。何年か前、インドの経済学者 Amartya Sen（彼は今年ノーベル賞を受賞したが）、その彼がまだハーバード大学の教授をしていたころ、ひとつの論文を発表した。題は「1億人の消えてしまった女性」。その中で彼は、生まれてきたときの男女の比率や、その後男児・女児が社会で平等に扱われてきたらどうなったかという期待などをもとに、男性と女性の数についていろいろと計算をしている。

　女児は普通、生物学的優位性を持って生まれてくる。種の保存という機能をまかされているからである。しかし多くの社会ではその後社会的に不利な立場におかれ、もって生まれた生物学的優位性は逆転後退する。Sen はこうしたことをもとに、この世界では1億人の女性が失われてしまっているとの計算をはじきだしたのだ。その後、非常に優秀な人口学者の Call 教授も、同じような研究結果を確認している。数は全く同じではなかったかもしれないが、6000万は下らない。そしてここ日本の近く、海を渡ったむこうにある中国や韓国やインドでは、男女産み分けが行われている。つまり、女児胎児だけ選んで人工中絶させてしまうのだ。医療にたずさわる者として、これには良心の呵責を覚える。われわれにも責任の一端があるからだ。こういうことで今、中国や韓国では出生時の男女の比率が非常にかたよったものになっており、男の子のほうが女の子よりもずっと多く生まれてきている。そこで私の最初のメッセージ──gender equity は、生きるか死ぬかの問題だということになる。

gender equity	男女の平等
sex ratio	男女の比率
biological advantage	生物学的優位性
survival of the species	種の保存
social disadvantage	社会的不利
demographer	人口学者
pre-natal sex selection	男女産み分け
(selective) abortion	（選択的）人工中絶
female fetus	女児胎児

ジェンダー主流化

「この続きをやります。読んで訳してください」
【皆さんも訳してください】

　　　　　　　　　　　＊

　My second message is about gender mainstreaming. Gender mainstreaming is not about women. Gender mainstreaming is about men and women. It recognises that men and women are equal, but they are different and we can't assume that something is good for women or good for men because it is good for the other. And I want to give you an example, from my profession, the profession of medicine and drugs developed for various conditions in men and women. We know that men and women can suffer from the same types of diseases and so the same drugs should apply. Many people don't know that until very, very recently, drugs were not tested on women. They were only tested on men and if they are found that they are effective and they are safe, then we assume that they would also be good, effective and safe for women. It's only very recently that we realised that this is not always the case, and drugs need to be tested on both men and women if they are going to take, be taken by both men and women.

　Then there are drugs which are taken only by men, and drugs which are taken only by women, and again you find the discrimination. And I give you the example of nice, blue pill, Viagra, which is a very good pill for men and how this got an enthusiastic reception everywhere, how fast it was approved in Japan. And take the other example, the oral contraceptive pill. How long has the oral contraceptive pill taken to be approved.

　［訳例］
　第2のメッセージはgender mainstreaming, ジェンダー主流化についてだ。ジェンダー主流化は女性だけでなく、男女にかかわることだ。男女は平等であるが違いがあることを認め、片方(例えば男性)にとってよいものは相手(女性)にとってもよいなどと決め込まない。私の職業である医療と、いろいろな病状にある男女のために開発された医薬品を例にとって、話をしたい。

男性も女性も同じような病気にかかることは周知の通り。だから同じ薬が投与できるはずだ。しかしこうした薬の治験テストにごく最近まで女性が対象者になっていなかったことは、あまり知られていない。治験テストは男性だけを対象にして行われ、彼らに薬効があり安全であると判明したら、女性にとっても当然薬効があり安全だと想定された。が、最近になって、これは必ずしもいつもそうではなく、男女両方に使われる薬は、男女両方を被験者としてテストする必要があることが分かった。

　他方、男性だけに投与される薬があれば、女性だけに使われる薬もある。しかし、ここでも差別が見られる。例えば、あの素敵なブルーの錠剤、ヴァイアグラ——あれは男性にとってとてもいいピルで、世界中で非常に熱い歓迎を受け、日本でもあっという間に認可された。が、もうひとつの例、経口避妊薬ピルはどうだろう。認可されるまでに、いかに長い年月がかかったことか！

gender mainstreaming	男女の主流化
discrimination	差別
Viagra	男性用のペニス勃起促進剤
oral contraceptive pill	経口避妊薬

*

　「本当にそうですね。男性には安全でも女性には危険だという薬もありうるでしょうし、それに、男性用のものはすぐ認可されたのに、女性のピルにはなかなか OK が出なかった。これって、男女不平等ですよね。男女不平等は、gender inequality と言えばいいんですか？」

　「ええ、あるいは gender inequity でもいいのよ。では続きをやりますけど、今度はテープを流しますから、聞いて訳してください」

　【皆さんも CD No. 31 を聞いて、訳してください】

女たちは道具ではない

　Now my third message is that we should stop considering women as means and not as ends, because it has been the practise before to look at women as means for something, not as ends in themselves. We talk about family planning, but we provide women with family planning, not to enable them to control their fertility and to shape their lives and to make their decisions. We give them family planning because we want to reduce the population growth. Take maternal health, we give women maternal health because we want them to produce a healthy child, not because we want them to be healthy. And this is why we are finding this great discrepancy of having very good results in infant, in perinatal health, in infant mortality, child mortality, but very much less in maternal health. This should change. Women should be ends in themselves and not means to something else.

［訳例］
　第3のメッセージは、女性を目的ではなく手段として考えるのはやめるべきだということだ。これまで女性は何かのための手段とみなされ、それ自身で意味ある目的とはみなされないという慣行があった。われわれは家族計画を言うけれど、女性に家族計画を提供するのは、何も彼女たちに自分で性と生殖をコントロールし、自分の人生を生き、自分の決定を下せるようにするためではない。家族計画を提供するのは、人口の増加を抑えたいからだ。また、妊産婦保健を例にとろう。女性に妊産婦ケアを提供するのは、健康な赤ちゃんを生んでもらいたいからであって、別に彼女ら妊産婦に健康であってほしいからではない。だからこそここにあの大きなギャップが見られるのだ。つまり赤ちゃんの周産期ケア、乳幼児死亡率ではとても成果があがっているのに、妊産婦の健康はそれほど改善されていないという。これは変わらなければならない。女性はそれ自身で目的であり、何かほかのことのための手段であってはならないのだ。

means (for something)	手段
ends (in themselves)	目的
family planning	家族計画
fertility	性と生殖 (cf. fertility rate 出生率)
maternal health	妊産婦保健 / 妊産婦の健康
perinatal health	周産期保健
infant mortality	乳児死亡率
child mortality	幼児死亡率

*

「それ自身で目的であり、何かほかのことのための手段ではない...あって

はならない...いろいろ考えさせられますよね。でも先生、人口増加を抑えるための家族計画はあってはならないと言っていると、アフリカなどでは人口がどんどん増え続けますよね」

「家族計画をやってはならないと言っているのじゃないのよ。納得上のものであるべきで、先進国から押し付けられたものであってはならないということ。早紀さん、もうひとつこの分野で重要なキーワードがあるのを忘れていたわ。reproductive rights というの。『性と生殖に関する権利』と訳されているけれど、むしろカタカナでそのまま『リプロダクティブ・ライツ』と言っている。女性には産む権利もあれば、産まない権利もある。産むときには衛生的で安全な場で産む権利がある、という。反対に、欲しいときに産ませない、あるいは欲しくないのに産ませるなど、女性の意思を無視したやり方だと、それこそ reproductive wrong になるというの。女性の自己決定権を大切にしようという考え方よ。スピーチの中でも make their decisions と言っていたでしょ...次に行きましょう。聞いて訳してね」

【皆さんも CD No. 32 を聞いて訳してください】

命の値段は...

Next message: I think the greatest tragedy of the end of this century is the neglected problem of maternal mortality, where one woman is dying every minute in the world today, because of pregnancy and childbirth. And they're not dying because they have a condition which we cannot detect, which we cannot manage and treat. They are dying because society is not thinking that it is fit to make the necessary investment to save a woman's life. It's a question of how much the life of a woman is considered worth. And society sets a price tag, whether that tag is visible or not visible, on every human life. And society is willing to invest in saving your life, or my life, if they think that the price tag is justified.

［訳例］
では次のメッセージ。今世紀末最大の悲劇は、無視されている妊産婦死亡率の問題だと思う。今日世界では、1分に1人の割で、妊娠や分娩が原因で女性が亡くなっている。それも、発見ができず、管理や治療ができない病状

で亡くなっているのではなく、社会が女性の命を救うのに必要な投資をすることを「価値あり」とみなしていないからなのだ。つまり、女性の命にどれほどの価値をつけているかの問題だ。社会は、見える見えないにかかわらず、すべての人間の命に値札をつけている。そして、その値段が正当化できるとみなされたときのみ、社会はその命を救うための投資をしようとする。

maternal mortality　妊産婦死亡率
pregnancy　妊娠
childbirth　分娩 / 出産

*

「すべての人間に値札がついているなんて、恐ろしいですね。でも多分、これ本当ですよね」
「では、次で最後よ。訳してね」
【皆さんも CD No. 33 を聞いて訳してください】

産む性から生み出す性へ

My last message is really for 2050. The next century will be the century of women, for throughout human history, throughout human history, from the very beginning, the potential of women was suppressed in order to allow for their function for the survival of the species. So their full potential was suppressed in order to fulfil their reproductive potential. And that was justified in early human history because our battle for survival was a very tough battle. It took us thousands of years to reach the first billion people on this earth, thousands of years. But now the battle of survival has been won, and now we are adding one billion people in ten to twelve years. And so now that the battle of survival has been won, it's time that the woman is emerging from behind the mother, and it's time for the woman to exercise her full potential as a woman, as a producer, not just as a reproducer.

［訳例］
最後のメッセージは 2050 年によせるものだ。21 世紀は女性の世紀になる

だろう。人類の歴史を通して、最初から女性の潜在的能力は抑えられてきた。種の保存という機能を果たさせるためだ。女性の生殖能力を果たさせるために、その他の能力は抑えつけられたのだ。しかしそれも、人類の歴史が始まったころには正当化できることだった。というのも生存のための戦いは、きわめて厳しいものだったからだ。地球上の人口が最初の10億に達するには、何千年もかかった。しかし今や生存のための戦いは勝利をおさめ、人口は10年から12年で10億人ずつ増え続けている。今や女性は母親としての生き方から浮上し、女性として、reproducer（産む性）から producer（財や文化を生み出す性）として、その能力を全面的に発揮して生きるときが来たのだ。

reproductive potential	生殖能力
battle of survival	生存のための戦い
producer	生産者 / 財や文化を生み出す性
reproducer	生殖者 / 産む性

＊

「潜在的能力をフルに発揮して生きるべき...すばらしいですね、先生。私、感動しました」
「早紀さん、あなた変わったわね」
「えっ？」
「初めてこれを聞いたとき、あなた、こんな訛りのひどいスピーチ聞きたくないと言ったのよね」
「そうでしたね。恥ずかしいわ。あのとき先生がおっしゃったことがこのごろよく分かるようになりました。言葉って内容なんだ、ということが...先生、ちょっと個人的なこと聞いてもいいですか？」
「どうぞ」
「先生、結婚してらっしゃるの？」
「今はしていません」
「やっぱり大変ですか、お仕事持って家庭生活もやっていくというのは」
「そんなことは全然なかったんですよ。私の連れ合いは、家事も育児もちゃんと分担してくれましたしね。それどころか、結婚する前から、『君が外に出て働いて、僕が househusband をやって子育てするような時期を持ちたい』と言って、私を仰天させたぐらいの人だから。今から35年も前に。あなたは誰か決まった人がいるの？」

「ずっと付き合ってきた人はいるんですけれど、このごろよく衝突して...彼、私がこうやって勉強しているのも、あまりよく思っていないんです。遊ぶ時間もあまりないじゃないか、適当にやっとけよ、って。こんな調子だと、もし結婚して私が仕事もしたいと言っても、あまり協力してもらえないんじゃないかなと心配なんです」

「聞いてみたの?」

「ええ、やんわりと。そうしたら、女性が働くのは賛成だけど、家事や育児にさしさわりのない程度で、という返事だったんです。自分は手伝うつもりは毛頭なさそう」

「それは結局、働くなということでしょ。夫の協力なしには仕事と家庭は両立しませんものね。あなたがせっかくこんなにがんばってきた英語も、仕事に生かせられないなんて、残念ね」

「だから、このごろ悩んでるんです。明るくて、スポーツもできて、私のことも大事にしてくれて楽しい人なんだけれど...」

「あなたを大事にしてくれるって、例えばどんな風に?」

「いいレストランで、おいしいものを食べさせてくれたり、私の誕生日には必ずブランドのスカーフなんかをプレゼントしてくれたり...」

「早紀さん、それが人を大事にすること? そうかしら。私は人を大事にするというのは、まずその人の持っている潜在的能力が十分発揮できるよう手助けしてあげることだと思うけれど」

「そうですよね。本当にそう。さっきのスピーチじゃないけれど。それなのに彼は自分の好みに私を合わせようとする。こぎれいな奥さんになって、かわいい子供を2人産んで...」

「one-two-three-four syndrome ね」

「何ですかそれ?」

「one wife, two children, three-bedroom house and four-wheels——そういう生活を理想と追う症候群のことよ。さあ早紀さん、この話はとても興味深いけれど、今日はもう時間が過ぎてしまったわ。女性の地位に関しては、ここに私のノートが4冊あるわ。お貸しするから、これをもとに語彙帳を作ってみたら? 今日は女性と就業について全然触れることもできなかったけれど、女性の社会進出をはばむものとして、いくつか面白い表現があるのよ。glass ceiling、目に見えない『ガラスの天井』のこと。アメリカのように女性の社会進出が進んでいる国でもある一定の地位まで来ると、その先へはなかなか昇れない。日本では『上』どころか『横』への移動もままならな

いから、bamboo wall や paper partition（ついたて）があるという。sticky floor という表現もあるのよ。足がとられてすみやかに歩けないということ。『天井』と『壁』と『床』で『八方ふさがり』にならなければいいけれど」

早紀のひとりごと

　私、不安だな。このままだと、どんどんシンちゃんから離れていくような気がする。彼がアキラ先生のように私を励まして、「さあ、どんどん自分の能力を伸ばせ」と助けてくれる人だったらよかったのに。アキラ先生、奥さんいらっしゃるのかどうか、また聞きそびれちゃった。

SESSION 12
ノート・テイキング

通訳のメモの中味

「いままでずいぶんいろんな訓練をしてきたよね。早紀さんも自分で積極的に練習したようで、かなり力がついたと思うよ。もう大丈夫だろうと思うから、今日はノート・テイキングをやってみようか」

「もう大丈夫って、今までは無理だったということですか？ ノートは今までもとってましたが」

「うん、今日やるのは数字とか固有名詞とか要点をメモするのとはちょっと違うんだ。精神的なエネルギーもかなり使うから、生半可なリスニングの力しかないと、聞く方がおろそかになって逆効果になる。言ってみればスピーチをまるごとノートしてしまう方法だから」

「まるごとって、速記のことですか？」

「速記とは違うよ。通訳者が逐次通訳をやるときに使う方法なんだ。速記のようにスピーチの全部をノートしようとはしないし、やってもできっこない。でも、速記の場合はもう一度解読しなければならないけど、この方法なら即座にノートからスピーチの全体を再現できるんだ」

「そんな方法あるんですか!?」

「あんまり期待されても困るんだけどね。でも、逐次通訳をしなくても、こういうノートをとれるようになれば、スピーチの全体像はしっかり記憶に残せるはずだ。だいいち、聞き方に集中力が出てくるから、ただ聞いているときよりもずっと深く理解できるようになるかもしれない。じゃ、ちょっとやってみようか。早紀さんも自己流でいいから詳しくノートをとってごらん」

【読者の皆さんも CD No. 34 を聞きながら自己流でノートをとってください。英文は見ないでください】

*

As I mentioned earlier, the Information Revolution, one of the three global economic revolutions now reshaping the world, is radically trans-

SESSION 12: ノート・テイキング   205

forming the way nations do business. It is also creating important new opportunities worldwide for expanding international market access. The coming of the Internet, and related advanced telecommunications, are revolutionizing both distribution and consumer service.

*

「僕のはこうなりました。ちょっと速いので大変だけと、まあこんなところ

だろうな。早紀さん、自分のノートから内容を再現してごらん」

「えーっと、先に言ったように、情報革命は世界の経済革命の3つのうちの1つです。え、それは世界を...何とかしており...ビジネスのやり方を変えています。それから...市場...拡大の機会を作っていて、...インターネットとテレコミュニケーションが...。

ノートがうまくとれませんでした。でも先生のノート、ちょっと変な記号みたいなのがありますけど、分量は私のとあまり変わらないような気がします」

「じゃあこんどは僕のノートから再現してみるね。

...先ほど申し上げましたように、情報革命、世界を改変している3つの経済革命の1つである情報革命は、今世界各国のビジネスのやり方を大きく変えつつあります。またそれは、世界中に国際市場へのアクセスを拡大する機会を拡大しています。インターネットとそれに関連する先進的通信技術は、流通と消費者サービスに革命をもたらしているのです」

「先生。そのノートに何か秘密があるんですね？」

「いやいや、そんなものは別にないよ。早紀さんのノートとあまり変わらないじゃない。スピーチがこれぐらいのスピードになると、だれだって全部はノートできないんだから条件はそんなに変わらない。コツがあるとすれば、理解したスピーチを頭の中で構造化することと、ノートをちょっと工夫するぐらいかな」

「その工夫を教えてください」

「もちろん。ただ、その前に一言だけ言っておくよ。ノートをとるというのは聞き取りにとっては本当は余計なことだよね？ ノートをとっているとどうしても注意が分散してしまう。ノートのとり方をいちいち考えていて聞き取りがおろそかになる可能性もある。そうなったら意味ないでしょ？ だから、ノートをとるのにもある程度練習が必要なんだ。ノートをとることが聞き取りにとってじゃまにならないように慣れる必要があるんだ。いいね？」

*

「じゃ、ノート・テイキングの説明に入るよ。

最初に、何をノートすべきか、だけど、僕がどの部分をノートしたか原文と照らし合わせてみよう。下線部が何らかの形でノートしたところだ」

*

As I mentioned earlier, the Information Revolution, one of three global economic revolution now reshaping our world, is radically trans-

SESSION 12: ノート・テイキング

forming the way that nations do business. It is also creating important new opportunities worldwide for expanding international market access. The coming of the Internet, and related advanced telecommunications, are revolutionizing both distribution and consumer service.

*

「肝心なのは、骨格に当たる部分はできるだけノートすること。SVO だね」

*

the Information Revolution . . . is transforming . . . the way that nations do business It is creating . . . opportunities . . . for expanding . . . market access the Internet and telecommunications . . . are revolutionizing . . . distribution and consumer service

*

「こういうところ。メインアイディアとかいろいろ言われるけど、要するに文の骨組み。もちろんそれをノートするには、ちゃんと文の分析ができていなければならないよね」

「その他の部分はどうするんですか？ 私は reshaping our world と transforming the way that nations do business の関係が分からなくなってしまったんですが」

「そうだね、最初の文のようにちょっと複雑になると、聞いた瞬間は分かっても、少し経つと文の構造を忘れてしまう。そこで工夫の１だ。同格や分詞による修飾、関係節などは、先行詞に当たる語句から下に線を引いてそこに書く。ほら、ここ［Inf 革］のところから下に線が引いてあって、そこに［1/3 ⊖ eco rev］と書いてあるね。これで『情報革命、それは世界の３つの経済革命の１つだ』となる。その下に［reshap⊖］とあるから、これが『経済革命』にかかることが分かる。それで情報革命、それは世界の３つの経済革命の１つであり、世界を変えつつある』になることが分かるよね。でもここの部分は骨組みじゃない。SVOのSを修飾してるだけ。じゃあメインのVOはどこにあるかというと、［Inf 革］のところからもう１本長い線が引いてあって、その先に［rad 変 way ps biz］と書いてあるね。ここがそうなんだ。で、『この情報革命は、世界各国のビジネスのやりかたを大きく変えつつあります』となる。こういうノートがとれれば文章の構造までしっかりと再現できる」

「さっきから気になってるんですが、そのニョロっとしたのは何ですか？」

「ニョロ？ ああ、これね。reshap の後にあるやつ。これは僕の場合分詞

形、ing の代わりのつもり。それで、あとの2つの文は簡単な形だから分かりやすいはずだ。だいたい SVO だけをノートしてるね」

「その Inf から［又］に引いてある線は何ですか？」

「これはこの後の文の主語も前の文の主語［Inf 革］と同じだってことを表している」

「じゃあ、その扇形みたいなのは？」

「これは expand とかそういう場合に使う、一種の絵だね」

「ノートできなかった部分がありますけど、そういう要素はどうするんですか？」

「おぼえておく！ それしかないね。まあ、書かないのは書ききれない、追いつかないってこともあるけど、おぼえておけるから書かない場合が多い。SVO だって記憶から回復できるものは書かなくてすむ。例えば2番目の文のノートには It is は書いてないでしょ。

それから、文脈から自動的に復元できるものは動詞だって書かないよ。たとえば、The subcommittee has submitted its report to the cabinet. という文のノートは、

　　　　　小委

　　　　　　　　　レポ

　　　　　　　　　　　　　　→ 」 cabnt

でいいんだ。『小委員会が内閣に報告書を...』という文脈で、一番ふさわしい動詞は submit しかないもの。

それから、これを見ても分かるように、ノートのレイアウトも大事なんだ。早紀さんのように横にズラズラと書いていくんじゃなくて、縦というか、左上から右下に向かう感じで書く。主語は左端、一段下げて動詞、次が直接・間接目的語、そしてその他の要素（従属節の内部も同じ）というふうにしておく。そうすればその位置から文法上の性質が分かる。

ついでにレイアウトについてもう1つ。これはやってみてよかったら取り入れてもらえばいいんだけど、ノートの左側3分の1ぐらいのところに前もって垂直の線を引いておく。その線の左側には時間や場所を表す副詞句的要素をノートする。当然前置詞句も入るね。右側3分の2は SVO といった基本的要素を書く」

「なるほど分かりました。あの、その ⊖ の記号は『世界』ですか？」

SESSION 12: ノート・テイキング

「そう、世界とか、国際的、世界(的)とかそういうときに使っている」
「記号はいっぱい使うんでしょうか？」
「それは人によって違う。10 から 20 もあれば十分という人もいれば、たくさん使っている人もいるみたいだね。一般的には、よく出てくる表現、たとえば国名や国際機関、political, economic, monetary, industry, agriculture, territory, country, international ... こういう頻度の高い言葉には、何か特定の記号とかシンボルを考えておくといい。increase, improvement なら ↑、economic growth なら e↑、budget surplus なら $β+$ とかね。そうそう、アキコ先生はね、country は ▢̇ (四角の中にチョン)を使ってるよ。だから developed country (先進国)は ▢ の中から上に ↑、developing country (発展途上国)なら ▢ から右横に → を書いている。面白いでしょ。専門分野のレクチャーなんかをノートするんであれば、その中で頻度の高いものを記号にしておく。

あと、ここは大事だぞ。数字となじみのない固有名詞は何があっても最優先でノートすること。そのためにノートできなかった部分は、そのあと時間的余裕があったらノートすればいい」
「はい、あの、その横線は何ですか？」
「これは文章が 1 つここで終わったということ。訳し終わってから線を引く人も多い。そうしないと、区切りがどこか分からなくなることがあるからね。

その他のノート・テイキングでの注意事項をまとめておこうか。まず、スピーチ全体の構造を示すような言葉、例えば First(ly), second(ly), ... last(ly), finally のような言葉、それと文と文のリンクを示す言葉や文章の内部の構造を示す語句、主に because や as、though, in spite of, therefore, however などの接続詞だね、これはしっかりノートをとった方がいい。否定を表す言葉 not, none, no, neither も大切だから、×印をしてすぐに分かるようにしておく。

そしてさっきも言ったように、簡単な記号をうまく使って、一目見ればわかるようなノートをとること。比較なら ＜ とか ＞ を使えばいいし、どちらかがすごく大きいなんて時は ≫ を使えばいい。何かを強調しているときは important なんて書かないで、その部分に下線を引けばいいよね。extremely important なら二重下線にすればいい。丸で囲んでもいいね。

それから、スピーカーの言ったことは完全に分かったのに、ノートしている時間がない、でもあとで再生できるかどうか自信がない、そういう場合がきっと出てくると思う。たとえば何か 5 項目ぐらい列挙されて最後の一つが

書けないようなことがある。そういう場合はそこにカッコとか丸印だけ書いておいて、ここに何かあるぞという警告サインを残しておく。うまくいけば思い出せることもあるからね。大体これぐらい注意しておけばいいかな」

「時制なんかはどうするんですか？」

「現在、過去、未来だけ気をつければいいと思うよ。実際はそこまで細かく書けないことが多いから、時制が重要な意味を持つ場合だけノートすればいい。過去なら「、未来はv「、過去完了なら」とでもすればいい。細かいといえば法助動詞（must, shall, should, will, would, can, could, may, might）もそうだね。それが全体にとって大事な場合だけノートを取ればいいと思う」

「先生のノートには時々日本語が出てきますけど、どちらの言語でノートするのがいいんでしょうか？」

「どっちでも好きな方でいいよ。revolutionizingと聞いた瞬間に『革』という漢字が自然に出てくるなら、そっちの方がいい。要は自分にとって書きやすく、あとで見たときにすぐに分かるものがいいんだ。英語から日本語への逐次通訳をするときは、どちらかと言えば日本語にしておいた方がそれだけ訳しやすくなるけど、逆に早まって適切でない訳語を選んでしまうこともあるから、いちがいには言えないな。状況に合わせてだね。

さっきも言ったけど、ノートは何を書こうかなんてあまり考えないでも手が勝手に動くぐらいになるまで練習しておく必要がある。スピードがゆっくりしたものから始まってニュースのような速いものまで、いろんな素材を使って練習してほしいな。最初は日本語のニュースでもいいよね。5分ぐらいビデオに録って、ニュース1本ごとにノートして、日本語から日本語に再生してみるといい。

じゃあ最後にもう一つだけ練習問題をやってみようか」

*

［練習問題］　次のスピーチ（CD No. 35）をノートし、ポーズのところでCDを止めて日本語に訳してください。授業で使った部分の続きです。

1. Such technological changes can create, both for local economies and for multinational corporations, enormous new economic opportunities. This encouraging pattern can be seen clearly in another island community, one close to my heart: my own family's ancestral home in Ireland.

2. Sharp declines in telecommunications costs, the introduction of flat interconnection rates, and the emergence of the Internet have helped make Ireland the call center and Internet marketing center of Europe, as well as the second largest software exporter in the world after the United States. This has changed the Irish economy from one of the most stagnant and poorest in Europe to one of the fastest growing and most prosperous.

3. The consequence of this economic growth has been most positive. In 1997, for example, Ireland's GNP rose 7.7 percent in real terms, with unemployment at a twenty-year low, as telecommunications-service business captured an increasing share of the local economy.

4. Recent estimates suggest that the call center and customer-service telecommunications industry could create over 100,000 jobs during the next decade in Ireland alone.

SESSION 13 逐次通訳（1）

やってみたい

「早紀さん、リスニング・クリニックのコース、これでひととおり終了しました。リスニング能力を高めるための効果的な手法や勉強方法は全部カバーしたと思います。駆け足でやりましたけれど、こういう技能の習得は自分で繰り返し練習することが大切で、学校に来ていたら身につくというようなものじゃない。学校は練習の仕方やコツを教えるだけで、あとはあなた次第です。教材は山とあります。どんな教材を使えばいいのか、それをどう使えばいいのかこのコースで学んでもらえたと思います。食材は豊富、調理法も一応学んだ。あとはあなたがいろいろ作ってみて、腕を上げていくのみ」

「でも先生、ひとつちょっと気になっていることがあります」

「何でしょう？」

「このコースでは、リスニングだけ、つまり相手の言っていることを正確に落とさずに理解するという、inputの面だけに焦点をあててきましたよね。訳文はあまりこなれていなくてもいい、と。でも、実際にまた私がアメリカの社長のスピーチを通訳するような機会があるとしたら、理解はもちろん大切ですけど、日本語の訳文も大切でしょう？」

「もちろんそうですよ。英語が正しく理解できるというだけでは、通訳の要件の半分しか満たしたことにならない。理解したことをきちんとした日本語でoutputできて、初めて通訳です。特にプロの通訳ともなると理解はもう当然のことで、上手へたはoutputの質で決まる。稚拙な日本語でたらたらと要領を得ない訳をしていると、うんざりされるでしょうね」

「ですから、残りの授業ではoutputの質にも注意して、通訳訓練をお願いしたいのです」

「私たちもそう考えていました。だから通訳用のメモとりのクラスも設けたのですよ。単語力も文法の知識も怪しく、英文がごくアバウトにしか聞けていないときに通訳の練習をするのはナンセンスですが、あなたは単語力も文

法もある程度蓄積ができたし、英文の順送り理解もかなり身についてきましたものね。このへんで通訳にチャレンジしてみるのはいいことでしょう。話の内容は日米企業の比較、話し手はアメリカの半導体メーカーの幹部です。いいですか。テープを流して?」

「はい」

「あなた今、どんな気持ち?」

「えっ? あの、とても緊張しています。どんな話し方をする人だろう、早口じゃないといいけどな...とか、難しい言葉が出てきたらどうしよう、話の内容がわからなかったらどうしようとか...いろいろ心配で」

「普通は事前に入手した参考資料やその人の経歴から、『多分こんな話をするんじゃないか』と予想をつけて臨むんですけどね。そして、全身を耳にしたstandbyモードで第一声を待つ。第一声、つまり文頭はたいてい主語だから、主語待ちね。でも、"First of all"という切り出しで、主語でないこともある。『あ、これは主語じゃない』と判断、そして素早く『まず』とメモったら、すぐまた主語待ち。すると、"my wife and I would"と聞こえてくる。『これが主語だ』と分かったら、ただちにメモ。さあ、次は動詞が来るはずだからと、動詞待ち。すると来ました、来ました "would like to thank"（感謝したい）。そこで、thankのアクセント記号θでメモる。thankのあとには目的語が来るはず...そう、ちゃんと来ました、"the organizers"（主催者の方々に）という目的語が。このあとには、感謝する理由が述べられるはずだぞ、という待ちの姿勢で聞いていると、その通り、"for inviting us to this conference"（この会議にお招きくださったことに）と続き、ここでピリオド。さあ、通訳の出番です。『まず最初に、妻と私は、この会議にお招きいただいたことに対して、主催者の方々にお礼を申し上げたいと思います』このように、常に『待ちの姿勢』で、次の部分を予測しながら聞いているというのが、逐次通訳のときの基本的な姿勢です。では、いいですね。聞きながらメモを取って、英文が終わったところで、ただちに訳してください」

【皆さんもポーズのところでCDを止めて訳してください。CD No. 36】

*

What would I say about the United States?

*

「アメリカについて、私は何を言うでしょうか?」

「それじゃ、あまりにも直訳すぎて、日本語として不自然だと思いません?

私なら『アメリカについては、どう言えるでしょうか』あるいは『アメリカについてはどうでしょうか』と訳しますね」

＊

I think three things happened to change the United States from the 1980's to the 1990's.

＊

「私が思いますに、アメリカでは1980年代から90年代にかけて、3つのことが起こりました」
「"I think"を『私が思いますに』と同時通訳風に訳すのは日本語として、やはりあまり自然ではないと思いますよ。同時通訳のときでも、ベテランになるとめったにそんな風に訳しません。それに、あなたの訳では、文中一番重要だと言える情報が落ちていますよ。changeという言葉があったでしょう。『アメリカでは80年代から90年代にかけて3つのことが起こり、それがアメリカを変えていったと思います』と言っていたのです」

＊

The first thing, and I think the most important thing, was Japanese competition.

＊

「まず最初のこと、そして私が最も重要なことだと思うのは、日本の競争でした」
「『まず第一は、日本からの競争です。そして私に言わせると、これが最も重要なことでした』情報の出し方は、必ずしも英語の順序どおりにする必要はありませんからね」

＊

But I think the competition from Japan in the 1980's was a good thing for the United States.

＊

「しかし、1980年代の日本からの競争は、アメリカにとって良いことだったと思います」
「そう、けっこうですよ」

＊

It was a painful thing. Many companies went out of business. In our industry, Mostech, Inmos — companies that were large in the 1980's disappeared completely. Fairchild disappeared.

SESSION 13: 逐次通訳 (1)

*

「うわあ大変。ずいぶん早口のところがあったし、知らない単語もあって。もう一度聞かせてください」

「でも、彼がひとまとめにワッと言ってしまったので、途中で切れないのよ。分からない単語というのは、きっと会社の名前でしょうね。3つ出ていましたから。一度聞いただけで訳せないときは、適当にごまかしてしまうより、"Could you please repeat it?" などと言って、もう一度言ってもらったほうが確かにいいのですけれど、それもあまり何度も聞き返していると、『この通訳大丈夫なのかな』と不信感をつのらせていきますから、要注意。何度も聞き返さなければならないというのは、まだ通訳をするには早すぎるということでもあるのでしょうね。では、もう一度、さっきのところ、流しますよ」

(テープ繰り返す)

「前よりは少し分かりましたけれど、まだ聞き取れないところが残りました。でも訳してみます。『それは痛いことでした。多くの会社がビジネスがダメになり、モズテックインモズや大きな会社が消えてしまいました』」

「『それは痛いことでした』とか『ビジネスがダメになり』といった表現は、こういうテーマの通訳にはあまり適していないと思いませんか？ 訳語の質という点で問題があると」

「何となく自分でも気に入らないのですが、他にいい表現が見当たらなくて...」

「こういうのはどうでしょうか？『それには痛みが伴いました。多くの企業は廃業に追い込まれ、80年代には大企業だったモズテックやインモズも完全に姿を消してしまいました。フェアチャイルド社も消えました』」

「そういう表現がすぐに思いつかないんです。言われると、ああ、なるほど、と思うんですけれど」

「だから通訳をめざす人は英語だけじゃなく、日本語も磨いていかなければならないのですよ。新聞や雑誌やいい文章をたくさん読んで、使えそうな表現はどんどんメモして、覚える努力をする。次、やりましょう」

*

Many people lost their jobs, but good companies figured out that they had to compete with Japan in order to survive as companies.

*

「『多くの人が仕事を失いました。しかし、いい会社は...日本と競争して、

サバイブ...しました』ごめんなさい。後半はよく意味がとれなかったのです。figure out をどう訳そうか...なんてちらっと思っているうちに、後半の部分を聞き落としてしまって」
「もう一度流します」
（テープ、繰り返す）
「多くの人が仕事を失いました。しかし、いい会社は...サバイブ、つまり生き残るためには、日本と競争しなければならないことを figure out しました。考えつきました」
「figure out には『理解する』という意味もありますよ。そちらの方がいいでしょう」

*

So I think Japanese competition was a positive contribution to the United States in the 1980's.

*

「ですから私は、日本の競争はアメリカにとってポジテイヴな貢献でした、1980年代には。そう思います」
「『ですから私は、日本との競争は1980年代アメリカにとって、プラスの貢献になったと思います』これでやっと1パラグラフ終えました。いかがですか？」
「短い文章のときはいいですが、少しでも長くなると、やはりなかなか大変ですね。たくさんのことを同時にしなければならないから。聞きながら内容の理解をして、それをメモにして、同時にどんな訳語をつけるか、できればそれも考えなければならない。そこにちょっと聞き取れなかった言葉なんかが1つか2つ入ってくると、そのあとはもうボロボロ」
「そう、逐次通訳って、結構大変なんですよね。普通は今回やったのなんかより、2倍も3倍も長い分量がひとまとまりになっている。それに、もっと早口のものも多い。それなのに、通訳をやったことのない人は、聞いているときは通訳さん休んでいるんだと思っている人もいる」
「えーっ、そんな人いるんですか!?」
「ええ、あるとき3時間の逐次通訳を頼まれましてね。『3時間はちょっと一人ではできません、2人でないと...』とお答えしたら、『でも、働いているのは正味1時間半でしょ』と言われて、私、『この人いったい何言ってるんだろう？』と、彼の言っていることがすぐには理解できなかったんですよ。でも、話していて分かりました。彼は、通訳はしゃべっているときだけ働いて

SESSION 13: 逐次通訳(1)

いて、聞いているときは休んでいるんだと思っていたんですよ」
「キャハハハハ」
「さあ、もう少し続けましょう」
【以下が練習の続きです(CD No. 37)。皆さんも、下の文を見ないで、音声だけ聞き、ポーズのところで CD を止めて訳してください】

*

1. Second, tied to Japanese competition, I think U.S. companies put much more emphasis on quality control. I don't think they're yet at the level of Japanese companies, but I think they've helped to close the gap.

2. And that's also because they had a sense of crisis that if they didn't do something about it, they would disappear.

3. The third thing, and I think this is very important in the electronics industry, is the emergence of the personal computer, and also, phenomena tied to the personal computer, such as the Internet.

4. The personal computer is today the hot consumer product and it's a product which the U.S. leads in, and then you have the convoy of other Asian countries who are also, have some piece of this industry, but it's an industry which Japan missed.

[訳例]
1. 第2に、日本との競争の関係で、アメリカの企業は品質管理にもっと力を入れるようになったと思います。まだ日本企業のレベルにまでは達していませんが、差はちぢまったと思います。
2. それは、彼らが危機感を持ったからでもあります。何か手を打たなければ、自分たちは消滅してしまうという。
3. 第3に、これは電子産業にはとても重要なことで、パソコンの登場です。また、インターネットなどパソコンと関連する現象の登場です。
4. パソコンは今日最もホットな消費財で、アメリカが先頭を行く商品です。そのあとにアジアのいくつかの国がこの業界に食い込んできていますが、日本は出遅れてしまっています。

SESSION 14 逐次通訳（2）

だめ、私にはとてもできない

「先生、クラスを始める前に、ちょっとご相談したいことがあるのですが...」
「どうぞ」
「前回家に帰って真剣に考えたのですけれど、私、通訳になりたいという気持ちがこのごろとても強くて...なれるかどうか分からないけれど、でも少なくとも試してみたい、そのための勉強をしたいと思うのですが...」
「...」
「ダメですか？ 私ではやはり無理ですか？」
「そんなこと言ってません。ただ、通訳への道というのは、とても大変な道でね。通訳という仕事にあこがれて通訳学校に入ってきた人たちのうち、最終的に通訳としてひとり立ちできるようになるのは、おそらく1割もないんじゃないかと思いますし、仕事を始めてからも、一生勉強が続くわけですからね」
「それは承知しています。このコースを取り始めてから、これまでの私の英語との付き合いが、いかにいいかげんなものだったか分かりましたし、勉強の厳しさも実感できました」
「でも、これからはもっと厳しいものになりますよ。恋人とデートしている暇なんかなくなるぐらい」
「いいんです。1, 2年はわき目もふらずがんばるつもりです」
「本当に2年ぐらい時間とお金を投資して全力でがんばるのなら、できないことはないと思いますよ」
「本当ですか?! 希望ありますか？」
「ちょっと待って、私は何も保証しているわけじゃありませんよ。不可能じゃない、すべてはあなたの努力次第だと言ってるだけですよ。もしあなたが、これから2年後に医者になりたいと言ったら、私は『それは無理でしょ

SESSION 14: 逐次通訳 (2)

う』と言う。医者になるには、医学部を終えて、国家試験にパスしなくてはならないから。でも通訳は何年勉強しなければならないとか決まっているわけじゃない。すべて実力の世界。そしてその実力とは、たいてい努力によってついていくものだから...」

「大変な努力が必要だというのは、裏返せば、別に特別の才能が必要というわけではない。言ってみれば努力さえすれば誰でもなれるということですよね」

「まあね。とにかく『通訳をめざす』ということを念頭に、最後の two lessons をやりましょう。今日のテープは外資系投資顧問会社のアメリカ人女性幹部のインタビューです。少し早口ですが、東海岸の知識人の典型と考えていいでしょう。会社の名前は Fidelity Investments。聞いたことありますか？ インタビューでは会社の説明をしています。日本支社の従業員数は 240 人、そのうち 220 人が日本人だ、とか。そのあとのところから流しますから、メモを取って、訳してください」

【皆さんも、音声だけを聞き、ポーズのところで CD を止めて訳してください。CD No. 38】

*

I: And women?
M: About 50% of our workforce is made up of women.
I: And are they in managerial posts as well?

*

「『女性は？』
『私たちの workforce ...』えーっと、workforce は労働人口ですよね」
「この場合は、従業員と訳したほうがいいでしょう」
「はい。『私たちの従業員の約 50% は女性です』
『そして彼女たちもマネージャーの地位にいますか？』」
「managerial post というのは『管理職』ということです」

*

M: Oh, we have many women in managerial positions in our Japanese operation. I'm responsible for our retail business. Our head of Human Resources is a woman. Our Director of Research on the investment team is a woman by the name of Brenda Reed.

*

「わあ...とても速くて、とりきれません」

「とれたところだけでもいいから訳してください」

「『日本の支社には女性の管理職が大勢います。私はリテールの担当をしています』あと、ヒューマン・リソースも女性だと言ったと思いますが…」

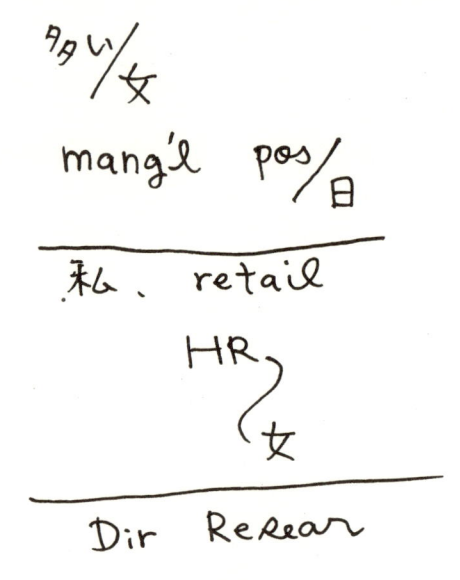

<pre>
            タタい／女

         mang'l pos／日
    ―――――――――――――――――
         私、retail

             HR
                ／女
    ―――――――――――――――――
           Dir Resear
</pre>

「あなたのメモを見せて…なるほどね。そう、最後の部分はとてもメモがとりきれないわね。だから、もうおぼえるしかないの。ほんの10秒か20秒おぼえていればいいだけなのだから。聞きながら Director of リサーチ、投資チーム、ブレンダ・リードと頭の中にたたきこむ。そして『人事部の部長も女性です』と訳したら、次はひとつずつ思い出していって、『投資チームのリサーチ部長も女性で、ブレンダ・リードといいます』と続ける」

*

And two of our most prominent portfolio managers, Yoko Tilly and Yoko Ishibashi, are women who have been with Fidelity a number of years, who have been very successful as research analysts and also as portfolio managers.

*

「ダメです。とてもついて行けません。2人の女性の名前が出てきて、彼女たちはとても成功している、と言ってたと思いますが、細かいところはメモがとりきれなくて…」

SESSION 14: 逐次通訳 (2)

「だから、メモに頼らない。アキラ先生のセッションでも、できるだけ記憶するようにと言われたでしょ。私のメモを見てください。

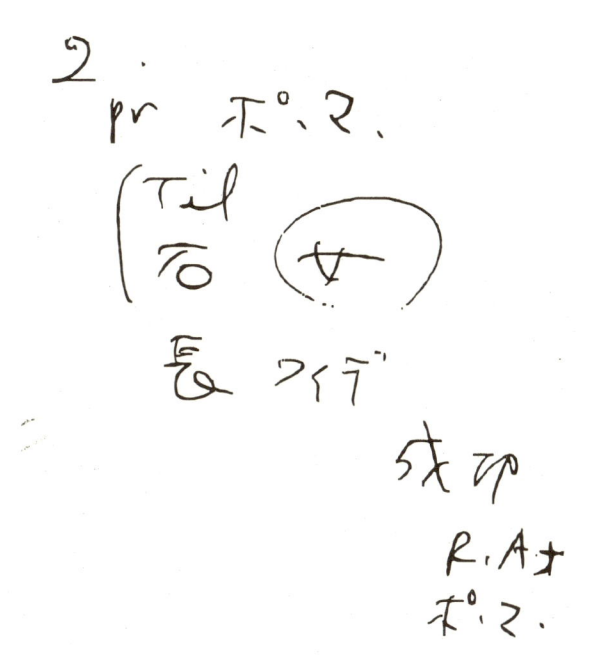

このメモを取りながら、私、高速で順送り理解をしています。頭の中で次々と情報を積み上げながら聞いているから忘れない。処理した内容は忘れない。だからこのメモを記憶の引き金にして、ただちに訳し始められる。『我が社の優秀なポートフォリオ・マネージャーのうち2人は女性で、ティリーよう子さんと石橋よう子さんだ。2人は長年フィデリティーで働いており、リサーチ・アナリストやポートフォリオ・マネージャーとして大変成功している』とにかく情報処理をして記憶すること。メモはその記憶を活性化させる引き金にしかすぎないということを忘れないで」

*

I: And did they study in the States before joining Fidelity?
M: Both Yokos, I believe have had some experience in the United States. Yoko Tilly worked as a research analyst and a portfolio manager in the United States as well as in Japan. And Yoko Ishibashi has worked primarily in Japan.

　　　　　　　　　　　　　　＊
「『彼女たちはフィデリティーに入る前にアメリカで勉強しましたか？』」
「『よう子さんたちは2人ともアメリカでなんらかの経験をしています。よう子・ティリーさんはリサーチ・アナリストとしてアメリカで働き、よう子・石橋さんは日本で働きました』」
「ティリーさんはリサーチ・アナリストだけじゃなくポートフォリオ・マネージャーもしていますよ。それにアメリカだけじゃなく、日本でも。それに『石橋さんは日本で働きました』というのは、ちょっと変だと思いませんか？『2人ともアメリカを経験している』と言っていたのに」
「ああ、そこはworkのあとに何か言葉が1つ入っていたのですが、分からなかったので...」
「primarilyと言っていたの。だから『主に日本で働いてきました』ということ。自分で訳していて、これはおかしいな...と思う感覚がとても大切なのですよ。時々、平気で『カラスは白い』と訳している人がいますが、『変だな、そんなことありえない』と思ったら、自分が聞き間違えたか、スピーカーがうっかりミスをしているかのどちらかだと、まず疑ってみることね」
　　　　　　　　　　　　　　＊
I: And for someone who wants to go and study in the States and then come back and work in a foreign company here, what would you advise them to study?

M: Oh, one of the things that I always tell people to study is study things you like, you know, what interests you, what you like to do and what you are good at doing, and focus your energies there.
　　　　　　　　　　　　　　＊
「『アメリカに行って勉強して外国の会社に戻りたいという人にどんな助言をしますか』
『私がいつも人々に言うのは、勉強しなさいということです。自分が好きなこと、興味があることを勉強しなさい、そしてエネルギーを...出しなさい...』いや、違う。すみません、最後、やっぱり取れません...」
「前半もあまり正確じゃありませんよ。『アメリカに行って勉強し、そして帰ってきて外資系企業で働きたいという人に、何を勉強してくるよう助言しますか』というのが質問。それに対する答えは、『私がいつも言うことのひとつは、自分が好きなこと、興味のあることを勉強しなさい、するのが好きなこと、得意なことにエネルギーを注ぎなさい、ということです』」

「やはり難しいものですね...」

*

But many young people aren't sure what they want to do. And so for those individuals who really aren't sure what they want to do, I have always stressed a good Liberal Arts education, because I believe that a Liberal Arts education gives you the skills you need for life as well as the skills you need to be successful in most any organization.

*

「お手上げです。とても太刀打ちできません。このスピードで、これだけ情報が洪水のように入ってくると、もう頭の中がパニックで、何も入ってこない。『何をやりたいかまだ分からない人はこうしなさい...』とアドバイスしているのだと思うのですが、その肝心のところがとれない。私、やっぱりダメですね。無理ですね」

「高速に情報処理することに、まだ慣れていないからですよ。それも当然でしょ。あなた、まだ始めてほんの2、3回目じゃないですか。この程度のことでくじけるのなら、そうですね、やめておいた方がいいかもしれません。やりたいと言ったかぎり、もう少し強靭な精神力で食いついていくのだと思っていたのに」

「頭から順送りの理解をしようとすると、何だかもっとできなくなってしまうんです」

「それはあなたの錯覚ね。確かにすべてきっちり聞いていこうとするのは大変ですよ。そういう姿勢が習性になるまでに、かなり時間がかかる。その間、フラストレーションばかりたまるでしょう。全体を直感で理解する方が、よほど効率的だとも思えるでしょうね。でも、時間がかかっても、正しい練習法でやっていく方が、最終的には確実な進歩につながる。『何となくできた』なんて怪しげな道を歩むよりはね」

「...」

「最初は思うようにできなくて当然なんですよ。今のあなたにできることは、これまであなたがやってきたことだけでしょう。何か新しいことを始めようとするなら、当然最初はできませんよ。その苛立ちに耐えながらも努力を持続させることが必要なんです。2年後をめざして」

「2年後には少しはできるようになっているでしょうか」

「また堂々巡りね。すべてはあなた次第。本当にやる気があれば、かなりの逆境にも耐えて前進がとげられる。やる気がなければどんなに環境を整備し

ても、成果なし。しかもこれは、通訳だけに当てはまることではなく、どんな仕事についても言えることでしょうね。どんな職業でも、ある一時期、死にもの狂いになって努力しなければ大成しない。私はそう信じています」

「次を聞かせてください」

「さっきのところ、まだやってませんよ。もう一度聞いて、やってみましょう」

（テープをもう一度流す。以下は早紀がアキコ先生の助けを借りながら仕上げた訳）

「でも多くの若い人たちは、何をしたいのか、はっきり分かっているわけじゃない。だからそういう人たちに対しては、私はいつも、良い、質の高いリベラル・アーツ、一般教養科目を受講するよう強くすすめてきました。というのも、私は、一般教養は人生を生きる上で必要な技能と同時に、ほとんどの組織の中で成功するために必要な技能も提供してくれると思うからです」

*

Good Liberal Arts education teaches you how to think, how to read, how to write, how to communicate, and I think those are really the most important skills for individuals to be successful in organizations.

*

「質の高い一般教養はいかにして考えるか、いかにして読むか、いかにして書くか、いかにしてコミュニケーションをするかを教えてくれる。こうした技能こそ、人が組織の中で成功するために最も重要なスキルだと私は思うのです」

*

Now clearly there's always a need for excellent accountants and finance people and systems people and operations people, and there are individuals who know they want to work with numbers, they want to work developing software, and so for those individuals they should focus on those areas of study.

*

「他方、明らかに優秀な会計士や財務専門家、システム専門家、オペレーション専門家へのニーズも常にありますし、数字をあやつるのが好きだ、ソフトウェアの開発の仕事がしたいなど、はっきり分かっている人もいます。そういう人たちは、そうした分野の勉強に焦点を当てればいいでしょう」

*

But I think what we've looked for, in our Japan operation and quite frankly what we've looked for all over Fidelity, are simply creative talented people, who can think, who can plan, who can write and who can communicate.

*

「しかし私たちが日本支社で、いえ、率直に言って世界中のフィデリティー営業所で一番求めてきたのは、クリエイティブな才能のある人たちです。自ら考えることができ、計画を作ることができ、書くことができ、コミュニケーションができる人たちです」

*

「では、早紀さん、今日はこれで終わります。次回は最後のクラスで、アキラ先生が担当されます。忘れないでください。人生80年——だから長期的な視点で事物を見ていきましょう。今、楽な方へ、楽な方へと流れていくと、それだけ将来の可能性はどんどん狭くなってしまうのだということをね」

早紀のひとりごと

　私、きっとシンちゃんと別れることになるんだろうな...そんな予感がする。アキラ先生にはまた、しばらくお目にかかっていない。先生はクリニックのブレーンだからいろいろお忙しいんだとアキコ先生が言うけれど、来週を最後にもう二度と会えなくなってしまうのだろうか...先生、奥様はいらしゃらないんだって。ずっと独身で、研究に打ち込んでこられたって。私なんか眼中にないんだろうけれど...

　それにしても、ここは何と不思議なところなのだろう。こんなに立派な設備のある建物なのに、ほとんど人影がない。静かで...そう、こういうのを、あれ、セイヒツ（静謐）と言うんだっけ。なんだか、さびしいな...

SESSION● 15
逐次通訳（3）

最後のクラス

　山田早紀の最後のレッスンは、東京に季節はずれの大雪が降った3月下旬の夜に行われた。アキラ先生の指導で、早紀は残っていたフォーリー大使の逐次通訳を、何度もつまづきながらも頑張って最後までやり終えた。以下がその一部である。
　【皆さんも CD No. 39 を聞きながら、やってみてください】
　　　　　　　　　　　　　＊
　Being a global gateway will increasingly mean absorbing more information technology. Yet it will also mean a deeper immersion in cultural exchange. I had the opportunity to experience one very distinctive aspect of Okinawan culture, and to indulge an interest of my own, when I attended the International Karate Association competitions here last month.
　I have also been privileged on several occasions to enjoy performances of Ryukyuan music and dance, to view the exquisite pottery and fabrics of your traditional artisans, and to enjoy your distinctive cuisine, including that very special Okinawan development, awamori. I have enjoyed the warmth and kindness of many Okinawans, including my hosts today. They have allowed me to understand why Okinawa is famous for its spirit of openness and hospitality.
　No doubt you will be host to increasing numbers of international conventions, long after next year's Okinawa Summit is finished. Through increasing tourism here in Okinawa, both through conventions and otherwise, I hope the world will learn more and more of your sophisticated and distinctive culture and the warmth and graciousness and enthusiasm of your hospitality.

Your magnificent natural setting should also be a spark to other forms of international exchange. I consider myself lucky to have experienced first-hand the great natural beauty of your islands, and to have glimpsed, with the aid of Okinawan friends and others, and through the medium of scuba, your magnificent underwater vistas. Ecotourism in your luxurious northern forests should also be very attractive to visitors from throughout the world.

　グローバル・ゲートウェーとなることは、情報技術のさらなる吸収を意味します。と同時にそれはまた文化交流により深くかかわることも意味します。私は先月ここ沖縄で国際空手協会の競技会に出席したおり、私自身のホビー・興味を満たすと同時に、傑出した沖縄文化の一面を経験する機会を持ちました。

　私はまた、琉球の音楽や踊りと共に、伝統工芸家が作った美しい陶芸や織物を鑑賞する機会も得ることができました。そして、沖縄特産の「あわもり」をはじめ、沖縄特有の料理も楽しませていただきました。また、今回の主催者も含め、多くの沖縄の方々の温かいおもてなしを楽しむことができました。沖縄がなぜ開放的な精神と温かいもてなしの心で有名なのか、私は理解することができました。

　来年の沖縄サミットが終わってからも、沖縄が今後ますます多くの国際会議の開催地となることは間違いありません。国際会議であれ、その他の形であれ、沖縄への観光客が増え、それを通して世界の人々が洗練された比類なき沖縄の文化と、温かい心のこもったもてなしの精神を知るようになるのを希望しています。

　みなさんの地元のすばらしい自然もまた、いろいろな形での国際交流をさらに活発にさせていくでしょう。私は幸運にも沖縄の島々の美しい自然を直接体験することができました。沖縄の友人らの手を借りてスキューバ・ダイビングをして、すばらしい水中世界をかいま見させていただきました。また沖縄北部の豊かな森林へのエコツーリズムも、世界中から訪れる人々にとって、たいへん魅力あるものとなるはずです。

＊

　「では早紀さん、これで私たちのコースは完了しました。よくがんばったね」

　「ありがとうございます。先生方のおかげです。これからも、もし、いろい

ろ悩むことや分からないことがあったら、時々会っていただけますか」

「早紀さん、ここのルールを知ってるだろう。コースを終えたら、二度と訪ねて来ない。二度と会わない、という。困ったときは、独習用テープを聞いてください。そして僕たちの言ったことを思い起こして、がんばってください。僕たちはきっとどこかで君を見守っているからね」

「先生もお体を大切にされて...すばらしいお仕事をお続けください。とてもおなごりおしいです」

「君も通訳への道を邁進して。ことわざにもあるでしょう、Genius is one percent inspiration and ninety-nine percent perspiration. いつか、どこかの国際会議で、君の同時通訳が聞ける日が来るのを楽しみにしている」

「本当?! うれしい。それを励みにがんばります。でも、年賀状ぐらい差し上げてもいいのでしょう？ 近況報告をさせていただくために。どこにお送りすればいいのですか？ ここですか？」

「うーん、僕は、そう、どこにいるか分からない。でも...このあとの院長講評で、アキコ先生に聞いてみてごらん。連絡先を教えてもらえるかもしれないから。では、われわれはこれから final conference をするから、君は2時間後に戻ってきてください」

Final Conference と
講評

院長: それでは、山田早紀の受講終了時会議を行います。前回の中間会議以降の経過を中心に、アキラ先生、ご報告願います。

アキラ: 前回話した通り、前半の8つのセッションでリスニングの基本は大むねカバーしました。受講開始当初の診断では、彼女の場合、治療を要する点として、①語彙や文法など基礎的な勉強の不足、②時事問題や一般教養の勉強不足、③情報処理訓練の不足、④漫然とだらしなく聞くクセがついてしまっているなどの4点があげられていました。そのうちの①と③と④は前半で集中的にやり、彼女もずいぶんがんばってついてきてくれて、かなりの成果を上げることができたのは、前回報告した通りです。ですから後半は基礎訓練というより、むしろどうすれば効果的、効率的に勉強できるかという、方法論が中心になりました。つまり②ですね。

山田早紀のレッスン内容(後半)

9. 多読・多聴──量をこなす、推察力を養う
　　語学は「雑でも量」と「緻密・丁寧」の2つで攻める
10. ワンテーマ方式での総合的学習法 (1)──日米関係
　　単一テーマで4技法を同時に強化
11. ワンテーマ方式学習法 (2)──女性の地位
12. ノート・テイキング
13. 逐次通訳 (1)
14. 逐次通訳 (2)
15. 逐次通訳 (3)

多読・多聴で広く浅く、そしてワンテーマ式の総合的勉強で狭く深くという、2つの面で同時並行的に攻めていく「両面作戦」に彼女はとても興

味を示し、がぜんやる気を出しましたね。そのころから、彼女の中で、通訳をめざそうかな、という気持ちが芽生え始めたのではないかと思います。特に、総合的勉強で「女性の地位」をとりあげたのがよかったですね。

院長： あそこで使ったテープの内容が、早紀さんの心の状態にぴったり合ったんですよね。女性はそれ自身で目的であり、何かほかのことのために使われる手段であってはならない...今や女性がその潜在的能力をフルに発揮して生きるべきときが来た...そういう話が彼女の心に響いて、ただちやほや大事にしてくれるだけのボーイフレンドとの将来に疑問を持つようになった。

リュウコ： 女性としてもめざめたのですね、彼女。

ユミコ： すてきなことですよね。このクリニックに来ることで、早紀さんは英語に対してひとつ意識改革をなしとげ、また人間としても意識改革をなしとげたのですもの。通訳にめざめ、また女性としてもめざめた。人生って、けっこうそういうものなのかもしてませんね。ひとつ何かが動くと、それが良くも悪くも引き金となって、いろいろなものが動き始める...

アキラ： 早紀さんは、もともといいものを持っていたんだと思う。それをこれまで、誰も引き出してあげられなかった。大事に育てられ、甘やかされ、ちやほやされて、全力を尽くして努力するということを知らないで、ここまで来てしまった。彼女の英語にしても、アメリカにいたときは「外国人にしてはうまい」というので、みんながほめてくれた。そして日本に帰ってくると、「ネイティブみたいにペラペラよ」とまたみんながほめてくれる。本当はとても宙ぶらりんな、あまり程度の高くない英語でしかなかったのにね。誰かがもっと厳しく彼女に接していたら、彼女の持っていた素質がもっと早く引き出せたのじゃないかな。語学の勉強ってそんなに簡単にいくものじゃない。とにかく、地道な努力が必要なんだから。

リュウコ： そう。それなのに、最近の傾向としては、何でもやすきに流れる風潮があり、単語を覚えたり、文法と格闘したりするのが軽視されがちになっていると思いませんか？　言葉を覚えるのって、本来、とても退屈で大変な作業がつきまとうんですよね。辞書を引いて、単語を覚えて...と。なのにこのごろは、何でも楽しくなくちゃいけない、勉強は楽しくなくちゃいけない、といった風潮が強くなっていて、楽しくないものはみんな排除してしまおうという傾向がある。私、こんな風潮に反対。断固反対。特に子供たちには、もちろん生き生きと楽しく遊ぶ機会と場はたくさん与えなければならないと思いますけれど、それと同じぐらい、退屈なこと、

楽しくないことにも耐える経験をさせなければいけないと思います。軟弱な、甘ったれ集団ばかり出てくるのを防ぐためにもね。
ユミコ： リュウコ先生、落ち着いて。私たちみんな同感ですよ。
アキラ： オホン。で、早紀さんのことですが...
院長： 続けてください、アキラ先生。
アキラ： 本人の希望もあって、最後の3セッションは逐次通訳をしました。聞きながら理解して、理解したものをメモにして、しかもその間同時にどう訳そうか考えて——という多重作業に悲鳴をあげ、とても通訳になんかなれないと泡くっていましたが、また院長にチクリと皮肉を言われて「何クソ」とがんばっていましたよ。僕はこのとき本部に出張中でクラスのオブザーブはできなかったのですが、帰ってきてから録画ビデオを見ました。なかなか面白かったですよ。
リュウコ： そうですか。じゃあ彼女は通訳をめざすのですか？
院長： 多分、そういうことになると思いますよ。もちろんこれからいろいろと紆余曲折があるでしょう。勉強を始めたはいいが思うように進歩が見られず、「やっぱり私には無理なんだ」と自信を失ってしまうことが、何度も何度もあるでしょうね。でも、私は、彼女はがんばって通訳になると思いますよ。多少のことではへこたれないたくましさ、悪く言えばずうずうしさが彼女にはありますから。
ユミコ： 彼女のようなバックグランドを持った人に、私たちのクリニックのプログラムがうまくいったというのがうれしいですね。今後、早紀のような人がどんどんふえていくと思うのです。私たちの時代と違って、今では若い人たち、いくらでも簡単に外国に行けます。ワーキング・ホリデーや語学研修で1年ほどアメリカにいた、あるいはオーストラリアにいた。だから会話はけっこううまくて、ペラペラできる。でも、内容のある話となると、とたんに聞く方もしゃべる方も怪しくなるという人たちです。そういう人たちに私たちのプログラムが役立つのなら、うれしいかぎりじゃありませんか。
アキラ： 僕はね、秘訣は「順送り理解」と「ワンテーマ方式総合的学習法」にあると思う。順送り理解はすべての理解の基本だと思うし、また総合的学習法は実に優れた strategy だと思う。読む、聞く、書く、話すの4つの活動を1つのテーマを軸に有機的に組み合わせることで、5つ目の skill とも言える「考える」という行為も活性化される。「考える」というこちらからの働きかけがあってこそ、言語は自分のものになっていくのだという

確信を僕は最近とみに強めています。
院長： それではそろそろ早紀さんとのミーティングに移ってもいいですか。私から全体の講評をして、コース終了ということにして。
アキラ： その前に院長、僕、さっき早紀さんから今後の連絡先を聞かれて困ってしまったのですが...
リュウコ： あ、やっぱり！ だからアキラ先生、以前注意したじゃありませんか、彼女きっと先生に思いを寄せるようになりますよ、って。
アキラ： そんなんじゃないですよ。
リュウコ： 何が「そんなんじゃないですよ」ですか！
ユミコ： 先生、コースを終了したらもう連絡はとらないというここのルールを、はっきりおっしゃらなかったの？
アキラ： もちろん、それを彼女にリマインドしましたよ。ただ、彼女が年賀状ぐらいは出したいと言うので...
院長： いいですよ。その点に関しては、私の方から対応しておきましょう。かわいそうに早紀さんは、ちょっぴりかなわぬ恋をしてしまったようですね。でも、まだ本人もはっきりそれと気づいていないぐらいだから...
リュウコ： 院長、気づいてらしたのですか？
院長： ええ。でもこの恋は早紀にとってプラスになりこそすれ、けっしてマイナスにはならないと思いましたから、黙って見ていました。微笑ましかったですよ、あのじゃじゃ馬が、アキラ先生の前ではとても優しい表情を見せるようになったのが。アキラ先生も、けっこういい表情をしていましたよ、ウフフ。
アキラ： 院長！

院長の講評

　4人の講師それぞれに小さな花束を持って現われた早紀。3ヵ月前の受講開始時と比べて、外見にはさしたる変化はない。しかし鋭い観察者なら、彼女の目の奥に、目的意識を持って生きる者が見せる静かな炎を見てとったであろう。

　院長はこの3ヵ月の彼女の努力に惜しみなく称賛の言葉を贈った。しかし、通訳への道はまだ始まったとも言えないほど長い道のりであること、しかも苦しい道であることも警告した。誰でも一度といわず、二度、三度と、「もうやめてしまおう」と思うほど、つらい思いをしている。院長もそうだった。

それを思い出し、がんばってほしい。そうすればある時点から、ふと気がつくとつらさは少なくなっており、かわりに見返りが大きくなっていることに気づくであろうから、と。

　院長はまた、この3ヵ月を通して彼女が成し遂げた自己変革にも好意的な言葉を贈った。特に、欧米指向の不遜な態度から、もっと真摯な内容指向のコミュニケーションへと彼女の姿勢が変わっていったことを喜んだ。語るものを持って初めて言葉は生きる。豊かな生き方が、豊かな言葉へとつながっていく。これつまり「言葉は人となり」と言われるゆえんである、と。

　最後に、なごりをおしむ山田早紀に、院長は言った。

「早紀さん、年賀状はここ宛でいいですよ。必ず届くようにしておきます。たとえ宇宙の果てにいようともね」

エピローグ

　2005年夏、東京。住宅街の一角、草生した空き地に、若い女性がたたずんでいる。
　「どこかをお訪ねでしょうか」男が声をかける。
　「ええ、ここにあった古い煉瓦造りの洋館をご存知ですか」
　「よく知っていますよ。もしかしたらあなたもクリニックに通っていたのですか」
　「はい。ああ、やっぱりここだったんだ。このもみの木に見覚えがあると思ったわ」
　「4人の先生がやっていらしたコースでしょう。あの、トトロそっくりの院長と、僕の習ったでこぼこコンビのリュウコ先生とユミコ先生」
　「それに、いつもよれよれの白衣を着たアキラ先生」
　「なつかしいなあ。ちょうど5年前です。ほんとうにきつい特訓だった」
　「まあ、それなら私と同じ時です。先生方に感化されて、私は今、通訳をしているんです。まだほんの駆け出しですけれど。院長先生がいいとおっしゃったので、毎年年賀状だけは出していました。お返事は来ませんけれど、ちゃんと着いていたみたいでした。今度、はじめて同時通訳のお仕事をいただけることになったので、その報告のおはがきを出したら3日前に宛先不明で返ってきたんです。それで、心配になって来てみたんですけれど…」
　「通訳ですか、すごいなあ。僕もおかげさまで念願の外資系企業に転職できたんですが、最後に院長が言われた『平和のためのコミュニケーション』という言葉がずっと心に引っかかっていて、自分も何かそういう活動をしたいと思っていたところに、先日、大学時代の友人から、ある国際NGOの事務局を手伝ってくれないかと言われ、先生方にご相談しようと思って。しかし、どうしたんだろう。なにかあったのかなあ」
　「もうけっしてお会いできないのかしら…」
　「そんなにしょんぼりすることはないですよ。みなさんお元気で、いつかきっと会える気がするなあ。あんがい、どこかにカメラが仕掛けてあって、僕たちの様子を見ているかもしれませんよ」
　「きっと、そうね。ほら、あのもみの木の先に浮かんだ雲、トトロの形に似ていません？」